女のことば　男のことば

小林祥次郎

勉誠出版

女のことば　男のことば——序にかえて——

尾崎紅葉『金色夜叉』（前編・一の二）に次の会話がある。


「金剛石《ダイアモンド》！」

「うむ、金剛石《ダイアモンド》だ」

「金剛石《ダイアモンド》??」

「金剛石《ダイアモンド》！」

「まあ、金剛石《ダイアモンド》よ」

「あれが金剛石《ダイアモンド》？」

「見給へ、金剛石《ダイアモンド》」

「あら、金剛石《ダイアモンド》??」

「可感《すばらし》い金剛石《ダイアモンド》」

「可恐《おそろし》い光るのね、金剛石《ダイアモンド》」

「三百円の金剛石《ダイアモンド》」

銀行家の息子の富山唯継《とみやまただつぐ》が嵌《は》めている指輪を見て、若い人々が驚く場面。それと書いてないが、それぞれの発言者が男か女かは分かる。使っている言葉に男女で些細な違いがあるからだ。

英語など外国語にはこういうことがあるのだろうか。

日本語では、意味は同じなのに、男と女とでは違う語を用いることがある。全てということではないが、立場、職業などの違いから生まれたものもある。

『枕草子』（能因本・四段）に、

ことことなるもの。法師の言葉。男・女の言葉。

とある。平安時代にも男の言葉と女の言葉とは違っていた。

平安時代の仮名で書かれた文学は、清少納言、紫式部など、女性の手になるものだ。『更級日記』の著者が少女時代に『源氏物語』を熱望して読み耽《ふけ》ったように、読者も貴族の娘たちだった。仮名文学は女性による女性のための文学なのだ。男の表立った文学は漢詩文だった。

『源氏物語』（帚木）に、学者の賢い娘が手紙にも仮名を書き混ぜないので疎遠になり、久

しぶりで会うと、

月ごろ風病《ふびやう》重きに耐へかねて、極熱《ごくねち》の草薬《さうやく》を服《ぶく》して、いと臭きによりなむ、え対面たまはらぬ。目《ま》のあたりならずとも、さるべからむ雑事《ざふじ》らは承らむ。

（この数カ月、風邪が重いのに耐えかねて、極めて熱い煎じ薬を服して、とても臭いので、とてもお会いすることができません。直接にお目に掛からなくても、しかるべき雑用などはお聞きします。）

と言ったので、別れてしまったとある。漢語は外来語だったから、彼女は、「ちかごろ cold が重いのに耐えかねて、very hot の medicine を drink して、とても臭いので meet できません。…」と言っているのだ。

『源氏物語』では、本来は漢語として読んだはずの官職名も和語にして読んでいることが多い。「左大臣」は、「左大臣殿」（梅枝）、「故左大臣殿」（宿木）という例もあるが、それ以外は「左のおとど」（花宴など）、「左のおほいとの」（賢木など）、「左のおほとの（大殿）」（蜻蛉）とあり、「右大臣」は「桐壺」以下に数例あるが、「右のおとど」（桐壺など）、「右のおほいとの」（若菜・下など）、「右のおほとの」（若菜・下など）のほうが多い。女性はなるべく和語を用い、漢語は使うまいとしているのだ。なお「大臣」をオホイマウチキミと言うことが『古今集』（哀傷・八四八・詞書）、『伊勢物語』（八一段）などにあるが、『源氏物語』には「若菜・上」に一例あるだけだ。

女が漢語を使うべきでないということは、後世まで続いている。

イエズス会の宣教師のジョアン・ロドリゲス Ioão Rodriguez の『日本大文典』（一六〇四―八、長崎刊）に、「女子の消息について」と題して、「男子から女子へ遣す書状は「こゑ」を混じない優しい通用の語で書かれる。」（土井忠生訳）とある。「こゑ（声）」は音読の漢語のことだ。これの例として、小瀬甫庵の『太閤記』（一二）に載っている女の手紙と男の手紙のそれぞれの最初を原表記のまま記す。

女の手紙。

一筆申参《まうしまゐ》らせ候。そこほどは日夜の御きづかひ、かろからぬ事にこそと存参《ぞんじまゐ》らせ候。左《さ》候へば、このち（地）の事、おびたゝしき上勢（上方の軍勢）むかひ来て、あやうく見え、いかなるうき目にもあひなんやと、いぶかしく存《ぞんじ》候処《ところ》に、としより共さいかくにて、本丸・二之丸も相《あひ》わたし、みづからなどは三之丸にをしこめられある事候。

男の手紙。

芳翰《はうかん》幷《ならびに》御使者口上之趣、即《すなはち》殿下令披露処《ひろうせしめしところ》、尤《もっとも》忠節之段悦思召《よろこびおぼしめし》候。然者《しかれば》伊豆・相模永代可被扶助旨候《ふじょせらるべきむねに》。

男の手紙は漢語を多く用い、和語も出来るだけ漢字で記してあるのに、女のは漢語は使わず、ほとんど仮名で書いてある。

元禄五年（一六九二）に出た艸田寸木子《そうでんすんぼくし》（苗村丈伯《なむらじょうはく》）の『女重宝記』（一）に、「女ことばづかひの事　付けたり　大和詞」の章がある。「大和詞」は「女房言葉」のことなので、そちらの章に記す。

「女ことばづかひの事」は、女性の言葉遣いについて述べたものだ。初めに孟母三遷の故事を記した後に、

いはんや常の女などは、仮にも男近く育つべからず。男の中に育ちたる女は、心も男らしく、詞《ことば》も男に移るものなり。男の詞づかひを女の言ひたるは、耳に当たりて聞きにくきものなり。

と、男と同じ言葉を使うのを戒めて、「女の詞は、片言交りに柔らかなるこそ良けれ。」として、漢語を用いて気取って言うことは悪いことだと、次の例をあげる。

内の者又は下々《したした》といふべきを　家来又は下人といふは悪《あ》しし。

奥様・御内《うち》様といふべきを　内義・内室などいふは固し。

殿又は御亭《ごてい》などと云ふべきを　亭主の男のと云ふはさもしし。

もとよりといふべきを　元来の根源のといふはすさまじ。

かさねてといふべきを　以来の向後《きやうこう》のといふは子細らしし。

よそへ行き帰られましたを　罷《まか》り出でられ、罷り帰られましたも嫌《いや》なり。

目出たう存じますを　珍重に存じますと云ふも口上らしし。

よろづのはからひと云ふべきを　万端了簡《れうけん》と云ふはうるさし。

わたくしも同じ事と云ふを　身ども同前といふは男らしし。

いかう遅なはりましたと云ふを　莫大に延引しましたと云ふも石なり（堅苦しい）。

値《あたひ》むつかしきといふを　代物高直《だいもつかうぢき》といふは聞きにくし。

お過ぎなされ終はり良かりしと云ふを　往生なされ臨終良きと云ふは談義らしし。

好きにて参り過ごすと云ふを　好物にて飽食《ばうしょく》なさるると云ふはうたてし（いやだ）。

「殿又は御亭…」「よそへ…」以外は、和語で言える語を漢語で言うのを戒めている。

最後に「右の外、いかほどもあれども、ことごとく書き記すに及ばず。この類推《たぐひ》し量り知るべし」として、その後に、
この外、憎いやつ・誰め・すきと・しかと・ひどい・下卑《げび》る・やや・意気地《いきぢ》・きざし・

すい（粋？）・気の通る・思惑《おもわく》・さうした事・お敵（遊里での相手）　かやうの時の流行《はや》り言葉など、よき女中の一言《ごん》ものたまふ事にあらず。たしなみたまふべし。

と、流行語を用いることを禁止している。

その後には「女のやはらかなる詞づかひといふは」として三十五語を掲げる。それらは女房詞が多い。その後の「大和詞」は女房詞なので、この二つは女房詞の章に記す。

平安時代には、漢文訓読の語と和文の語とでは、同じことでも別の言い方をすることがあった。訓読のほうは漢字に対する訓だ。逆に言えば、その語は漢字を伴うものだ。それに対して、和文のほうは漢字を意識しない語を用いているということになる。

漢文は男の文学だったから、訓読語は男の世界のものと言うことができる。和文の物語などは女のためのものだから、その文には女の言葉を用いていると言える。

この訓読文と和文との間には、同じ意味のことでも別々の語を使っていることがある。『源氏物語』『枕草子』などの和文では、「頭」はカシラ（『源氏』四一例、『枕』一九例。カシラツキを含む）・ミグシ（『源氏』七二例、『枕』五例。ミグシアゲを含む）だが、訓読文ではカウベで、こちらは『源氏』にも『枕』にも見えない。

ヒトビト(人々)は、『源氏物語』に六九八例、『枕草子』に六四例あるが、訓読語のトモガラ(輩)は『源氏』には、光源氏が仏神に祈る言葉に「沈めるともがらをこそ多く浮かべたまひしか」とある一例だけだ。祈りという特別な言葉での例だ。

和文では「来《く》」を使うが、訓読語では「きたる」を用いる。『源氏物語』にも『枕草子』にもキタルは無い、

訓読語でイコフ(憩)は、和文では「やすむ(休)」だ。

訓読語ツラナル(連)は、和文では「ならぶ(並)」だ。

訓読語のスミヤカ(速)は、和文では「はやし(早)」「とし(疾)」だ。

多いのは副詞の違いだ。『源氏物語』(少女《おとめ》)の、儒学者の言葉に、

おほし垣下《かいもと》あるじ、はなはだ非常《ひざう》にはべりたうぶ。かくばかりのしるしとある某《なにがし》を知らずしてや、朝廷《おほやけ》には仕《つか》うまつりたうぶ。はなはだをこなり。

(およそ相伴役たちははなはだ無作法でいらっしゃる。これほど著名な私を知らないで朝廷に仕えておられるのか。はなはだ愚かだ。)

鳴り高し。鳴りやまむ。はなはだ非常なり。座を退《ひ》きて立ちたうびなむ。

(やかましい。静かにしろ。はなはだ無作法だ。座を出て行ってもらおう。)

とある。『源氏物語』でハナハダ（甚）の例はこれだけで、『枕草子』にはハナハダは無い。和文では程度の甚だしい意味には、イト・イタク・イミジクなどを用いている。似た意味のスコブル（頗）も訓読語で、『枕』『源氏』には無い。

和文ではマダだが訓読文ではイマダ（未）になっている。『枕草子』での一例は「いまだ三十の期《ご》に及ばず」（一六一段）という漢詩の引用で、『源氏物語』での二例は、僧侶（若紫）、天皇（橋姫）の言葉のものだ。

和文でタマサカを訓読語ではタマタマとする。タマタマは『枕草子』では下級官僚（八段）、『源氏物語』では光源氏（朝顔）の言葉の一例ずつだ。

次の訓読語は、『枕草子』『源氏物語』には例が無く、和文では下に記す語で言うものだ。

アラカジメ（予）――　かねて
コトゴトク（悉）――　すべて
コモゴモ（交）・タガヒニ（互）――　かたみに
スコブル（頗）――　いみじく・いたく
ツトニ（夙）――　はやく
ヤウヤク（漸）――　やうやう

容態を表す助動詞は訓読語ではゴトシ（如）だが、和文では稀で、「やう（様）なり」を用いる。『枕草子』のゴトシは、わざと役所の文書のように書いた手紙の「例に依《よ》て進上《しんじやうくだんの》件《ごとし》」（一三三段）という一例だけだ。『源氏物語』にはゴトシは十例で、地の文に二例あるが、それ以外は、僧侶の「その本意《ほい》のごとくも物しはべらで過ぎはべりにしかば」（若紫）などすべて男の会話（一例は心中思惟）だ。ただし「前栽《せんざい》の露はなほかかる所も同じごときらめきたり」（夕顔）などゴトだけで用いている例はかなりある。

（築島裕『平安時代の漢文訓読語につきての研究』によって数語を挙げ、和文の例を添えた。）

もっと古く、奈良時代にはどうだったか。

『万葉集』に、「吾妹子《わぎもこ》に吾《あ》が恋ふらくは止む時も無し」（一三・三二六〇）で終わる、男が女を恋い慕う長歌があり、それに添えた反歌に「君に逢はずて年の経ぬれば」とあることについて、左注に、「君に逢はず」と言うのは理屈に合わない、「妹《いも》に逢はず」と言うべきだ、とある。これは男が女を「君」と呼ぶのを否定しているのだ。

同様に、「吾が思へる妹によりては」（一三・三二八四）は、左注に、反歌に「心はよしゑ君がまにまに（心はどうせ君の心任せに）」とあるので、「君により」と言うべきだ、とある。

奈良時代には、二人称の代名詞としての「君」は、女から男に用いる語で、男から女には、ふざけた気持ちで用いるだけだった。「誰よりも君を愛す」とは言えても、「君といつまでも」とは冗談でなくては言えなかったのだ。右の二例は、長歌と反歌が別々のものだったのを取り合わせたものとされている。これは平安時代には行われなくなった。『万葉集』の、

目には見て手には取らえぬ月の内の楓《かつら》のごとき妹をいかにせむ（四・六三二）

が、『伊勢物語』（七三段）では結句が「君にぞありける」となっている。女を「君」と言っていることになる。

動詞のイマスは敬意を含むイラッシャルの意味だが、男女間では女が男に対して用いる語であって、男から女に用いているのは、

家離《さか》りいます吾妹《わぎも》をとどめかね山隠しつれ精神《こころど》もなし　大伴家持（万葉集・三・四七一）

のように死者に対して用いた特別な例ばかりだ。同様に敬意のあるマス・タマフも、男が女に使うのは、死者か戯れかの場合に限られている。（佐伯梅友『奈良時代の国語』による）

ところで、職業のそれぞれの分野には、その専門用語がある。今のわたくしの家を建てていた時に、大工からサオブチ（竿縁）とかキリヨケ（霧除け）とかをどうするかと相談されて、

わたくしの知らない語なので戸惑ったことがあった。わたくしにとっては、ヒサシ（庇）とキリヨケの違いは無いのだ。こういうのは、それぞれの専門分野での専門語、術語と言うもので、どんな分野にもあるものだ。

それに対して、一般的な物事について、普通の言葉があるのに、特定の集団の中で、仲間意識を高めたり、秘密が外部に漏れないように、わざと別の語を用いることがある。それが隠語だ。

この本で扱うのは、いろいろな女の社会、男の社会で用いた隠語が中心だ。

女のことば

男のことば

女のことば

一…忌み言葉

落語「しの字嫌い」で、商店の旦那が下男の久蔵《きゅうぞう》に、

「ね？　おまいにきょうはちっと、改めていうことがある、というのはだな、いままではいいよ、これから、先だァ、毎ン日使う言葉ンなかへ、『し』ということをいうな」

と命じ、その理由を、

「なんでいけないッてておまえ『し』の字てえものはあまりいいとこィ出ないだろ？『しぬ』『しくじる』『しあわせが悪い』『しんだい限りを仕《し》る』、どォ…もこの『し』てえ字はあまりいいとこィ、出ない。だからいうなてんだ」

と説明する。（三代目三遊亭小圓朝所演『名人名演落語全集　第八巻』）

病院やホテルには四号室が無いのが普通だ。「死」を連想させて不吉だからだ。「四二」はもっとはっきりシニだから、病院などには無い。男の厄年の四十二であるのもシニに通じるからだ。でも運送業では「始終荷」と喜ぶと聞いたことがある。本当だろうか。

結婚式では「帰る」とか「去る」という語を嫌って「お開きにする」と言う。これも夫婦別れ

を連想させるから避けるのだ。これは後の武者言葉に記すが、武士が逃げる、退却すると言うのを嫌って「開く」と言ったのが始まりだ。

こういう不吉と感じられる語、またそれを避けて言い換える別の語を「忌み言葉」と言う。

結婚式の忌み言葉は、元禄五年（一六九二）に出た艸田寸木子《そうでんすんぼくし》（苗村丈伯《なむらじょうはく》）著『女重宝記』（一）に、

しうげん（祝言）の夜《よ》いみことば

さる（去る）　のく（退く）　わかるる（別るる）　はなるる（離るる）　きるる（切るる）　うすい（薄い）　さむる（冷むる）　かへす（返す）　もどす（戻す）　やる（遣る）　おくる（送る）　あく（飽く）　しまぬ（染まぬ）　きらふ（嫌ふ）　むえん（無縁）　しりぞく（退く）　かやうのことばはつつしむべし。

とまとめてある。どれも離縁を思わせる語だ。

翌元禄六年に出た『男重宝記《なんちょうほうき》』は、艸田子三径の著とある。同じ苗村丈伯のものだ。その巻之四に「祝言状の法式」があり、

一、祝言の状には、尚々《なほなほ》書き、追而《おって》がき（追伸）など、竪《たて》、折《をり》ともに忌むべし。そのほか、猶々《なほなほ》、返々《かへすがへす》などの踊り字、重ね字（「々・〻」など）、重而《かさねて》、又、戻《もどる》、去《さる》、帰《かへる》、出《いづる》等の字嫌ふ事なり。遠慮すべし。

一、口上にても、さる（去る）、のく（退く）、はなる（離る）、わかるる（別るる）、うすい（薄い）、きるる（切るる）、さむる（冷むる）、むえん（無縁）、かへす（返す）、もどす（戻す）、やる（遣る）、おくる（送る）、あひだ（間）、しまぬ（染まぬ）、しりぞく（退く）、右かやうの詞、祝言の所にて言ふまじきなり。

と同じようなことが出ている。前項のは、婚礼を繰り返すことを避けているのだ。

伊勢貞丈《さだたけ》（享保二〈一七一七〉―天明四〈一七八四〉）の『安斎随筆』（二〇）には、婚礼で夫婦が酒盃を交えるのに返盃するようになったのは最近の俗間のことで、昔は返盃しないで盃を交える礼があった。また婚礼を賀する手紙に「目出度」と書くのは「出」の字を忌むのを忘れているから別の文言があるべきだとある。そこまでこだわったのだ。

財産を擦り減らすなどと言うので、「する（磨・擂・擦）」を嫌って、スルメを「アタリメ」、擂《す》り鉢を「アタリ鉢」、硯箱を「アタリ箱」と言う。同じように「髭を剃る」のソルも同様に嫌って「髭をアタル」と言う。これは主として関東でのことだ。

梨の「無し」を嫌って逆にアリノミと言う。平安中期の『相模集』に、

盛り過ぎて朽ちたる梨を幼き人のもとにやるとて、ただならじとて、置き返しつゆばかりなる梨なれど千代ありのみと人は言ふなり（一〇二）

返し

つゆにても置きかへてける心ざしなほありのみと見るぞ嬉しき（一〇三）

とあり、すでに平安時代にはそう言っていたことになる。

「葦（あし）」も「悪（あ）し」に通ずるのを嫌ってヨシ（葭）と言う。「良し」に言い換えるのだ。嘉応二年（一一七〇）の『住吉社歌合』の後書きに、判者（審判）の藤原俊成が、

かの神風伊勢島には浜荻《はまをぎ》と名づくれど、難波《なには》わたりにはあしとのみ言ひ、東《あづま》のかたにはよしと言ふなるがごとくに、同じき歌なれども人の心よりよりになむある上に…

と述べている。ここでは方言の違いとしているが、建治元年（一二七五）に経尊《きょうぞん》が北条実時に進上した語源辞書『名語記』に、

葦ヲヨシトイヘル名ノアルニヤ如何。コレハアシトイヘルガ悪ノヨミニカヨヘル故ニ、イハヒテヨシトイヘル也。ナシヲバアリナドイヘルガゴトシ。

と、縁起をかついで言い換えたのだと説明している。

二…斎宮忌み言葉

「忌み言葉」の最古のものは、伊勢神宮の斎宮のものだ。「斎宮」とは、天皇の即位のたびごとに選ばれて神宮に奉仕する皇族の未婚の女子、またその住まいを言う。

『延喜式』(五・斎宮)、『皇太神宮儀式帳』、『倭姫命世記《やまとひめのみことせいき》』などに見える。後二書では垂仁天皇の皇女の倭姫命が定めたとしている。

『延喜式』では、仏教に関する語「内七言」と、不吉・不浄に関する語「外七言」とに分けている。

「内七言」は、

仏を「中子」

経を「染め紙」

塔を「阿良良岐《あららぎ》」

寺を「瓦葺」

僧を「髪長」

尼を「女髪長」

斎（トキと読むか）を「片膳《かたしき》」（儀式帳「片食」）
「外七言」は、
死を「奈保留《なほる》」（儀式帳「奈保利物」）
病を「夜須美《やすみ》」（儀式帳「慰」）
哭《なく》を「塩垂《しほたれ》」
血を「阿世《あせ》」
打《うつ》を「撫《なづ》」

斎宮跡地（三重県多気郡明和町）

宍《しし》（肉）を「菌《くさびら》」（儀式帳「多気《たけ》」）
墓を「壌《つちくれ》」（儀式帳「土村」）
さらにもう二つ、こちらは他の二書には無い。
堂を「香燃《こりたき》」
優婆塞《うばそく》（在家の仏教徒）を「角筈《つのはず》」
この二語は仏教のほうだ。
「中子」は中心部の意味。仏は堂や厨子《ずし》の中心に置くので言う。
「染め紙」は経典には黄色に染めた紙を用いたことによる。

「あららぎ」は、野蒜《のびる》のこと。谷川士清《ことすが》の辞書『倭訓栞《わくんのしおり》』に、

斎宮の忌詞に塔をあららぎと言ふは、阿蘭若の意と言へど、葱薹の貌九輪のあたりに似たるをもて、俗に塔のたつといふ意にて蘭葱より出でたる詞なるべし。

とある。「阿蘭若《あらんにゃ》」は梵語に漢字を当てたもので、修行に適した静かな場所、寺院、僧庵のこと。それではなくて、塔の九輪が葱《ねぎ》などの薹《とう》に似ていて、「トウが立つ」というのが「塔」と同音なので言うのだというのだ。持って回ったような説明で、ネギなどの伸び過ぎた花茎をトウと言う例は一六〇三年の『日葡辞書』あたりからしか見られないのも気掛かりだが、他のことも考えつかないので、これに従っておく。

「瓦葺」は古くは瓦を葺いた建物は寺院だけだったから、寺が「瓦葺」なのだ。

「僧」が「髪長」、「尼」が「女髪長」は、わざと逆のことを言っている。

「斎」はトキと読むか。僧の食事。イモヒなら法会での食事。「片膳（片食）」は一日に一度の食事という意味だろう。

「死」がナホルは逆のことを言っている。

「病」がヤスミは寝付くことを言うか。

「哭《な》く（泣く）」を「塩垂《しほたれ》」と言うのは、海水に濡れて滴が垂れることから、泣くこと、涙にく

れることのたとえにも言う。悲しいことを言わないのだろう。あるいは人が死んで泣くのを言うのかもしれない。

「血」がアセなのは、体から出るものというのを婉曲に言ったものか。血は穢れだから言い換えるのだろう。

「打つ」を「撫づ」と言うのも、婉曲に言ったのだろう。

「くさびら・たけ」は茸《きのこ》のこと。宍《しし》(獣肉)を言うのは見立てたのだろう。あるいは歯応えを言うか。

「壌《つちくれ》」「土村」は土のかたまり。土を盛り上げた墓を婉曲に言ったのだ。

「コリ」は香のこと。堂は香を炷《た》く場所だからコリタキだ。

「角筈」は動物の角で作った弓矢の筈(弦をかける所)。仏教徒がなぜ角筈なのだろうか。

平安時代には賀茂神社にも皇族の未婚の女子が仕えるようになった。斎院と言う。そこでも忌み言葉を用いたことが『延喜式』(六・斎院)にある。死を直《なお》る、病気を息《やす》む、泣くを塩垂、血を汗、完(宍)を菌、打つを撫づ、墓を壌と言う、とある。斎宮と同じだ。

天皇の即位の儀式の後の最初の新嘗祭(その年の新穀を神に捧げる儀式)である「大嘗祭《だいじょうさい》」でも、死を「なほる」、病を「やすみ」、哭《なく》を「塩垂」、血を「赤汗《あせ》」、宍を「菌」と言った(儀式・三)。これも斎宮と同じだ。

神の世界は清浄でなければならないから、死を忌み嫌う。仏教も葬儀で死者を扱うので嫌うのだ。あるいは生死とは無関係に、神道からは外来の仏教を嫌ったのかもしれない。余談だが、明治以前には、僧侶の姿では伊勢神宮に接近することは許されず、五十鈴川《いすずがわ》の対岸の僧尼拝所で拝むことになっていたそうだ。

三…月経

血が流れるのは、死と関わるからだろうか、穢《けが》れとしていた。わたくしが子供のころ、竹馬から落ちて鼻血で道を汚した時に、親から塩を撒いて清めさせられたことを記憶している。

『風雅集』に、熊野の神の歌がある。

元よりも塵に交はる神なれば月の障りも何か苦しき（神祇・二〇九九）

左注によると、和泉式部が参詣したが障りで奉幣できなかったので、

晴れやらぬ身のうき雲のたなびきて月の障りとなるぞ悲しき

と詠んで寝た夢に、神がお告げになったとある。和泉式部の歌は、自分の身を月にたとえて、罪深くて晴れない身に、雲がかかって月の障りになるのが悲しいと月経で神に近付けないことを言い、神の歌は、人間世界に救うために塵の世に現れたのだから、月の障りは苦しくない、というのだ。

「月経」という語は『古事記』（中）に見えていて、本居宣長はサハリノモノと読んでいる（古事記伝・二二）。『倭名類聚抄《わみょうるいじゅしょう》』に「月水」にサハリの訓を付けているのによる。近年の注釈では、

サハリ・サハリノモノとしている。その他に、『宇津保物語』（俊蔭）には、妊娠したことを「いつよりか御穢《けが》れは止みたまひし」と言っている。『蜻蛉日記』（中・天禄二年六月）には、「かくて、程も無く不浄のことあるを」「かく不浄なる程は、夜昼の暇《いとま》もあれば」と「不浄」と言っている。月経は障りであり穢れであり不浄であるのだ。なお「不浄」は、後の「女房言葉」に引く足利義政将軍時代（在職、宝徳元〈一四四九〉―文明五〈一四七三〉）成立の『大上﨟御名之事《おおじょうろうおんなのこと》』にも、

ふじゃう（不浄）になること、さしあひ（差し合ひ）とも云ふ。

とある。

月経中の女性は「他屋《たや》」という別棟に住んで火を別にして暮らすことが平安時代からあった。それで「他屋」で月経を言うこともあった。江戸時代の例だが、『誹諧《はいかい》発句帳』（秋）に、

立田姫たやをやこぼす下紅葉　　貞徳

の句がある。秋の女神の立田姫のこぼした経血が下紅葉だと言うのだ。

出産の場合にも同じく「他屋」と言った。同様に血が流れるからだ。出産のは「産屋《うぶや》」とも言った。「産屋」は『古事記』（上）に見えている。幕末の八丈島では、月経の時には村里から離れた他屋・他火という小屋で生活し、出産の場合は子産み屋にいて、他の人とは火を別にした。正月には「糸引きに出る」と言った。戸外に出ないで糸を引き紡ぐということにしたのだ（『八丈実記』（風俗））。

柳田国男『禁忌習俗語彙』には、「忌を守る法」の章に、生理中に別居する小屋として、

イミヤカド　三宅島

ヒマヤ　信州

ヒゴヤ　三河の北設楽郡

オリタヤ　諏訪の北山地方

ベツヤ　隠岐の知夫里

アサゴヤ　越前敦賀の白木浦

ヨゴレヤ　伊豆の島々

があげてある。この本の出た昭和十三年ころには、各地にこの風習がまだ残っていたのだ。なおネパールにもヒンドゥー教の習わしで、チャウパディという隔離する小屋が行われているそうだ。真偽のほどは不明だが、宮中の賢所に仕える女官には昔から生理休暇があったと聞いたことがある。『延喜式』（三・臨時祭）に、宮女の月の事が有る者は、祭日の前に宿廬《しゅくろ》（宿舎）に退下して殿に上るを得ない、とある。そのことを言っているのだろう。

昭和二十年代でも、古いしきたりを守る家の女性には、生理中には神社の鳥居をくぐることを憚るとか、歳末の餅搗きの時に手出しをしないとかいう戒めがあった。餅、ことに御供え餅は神

に捧げるものだから、穢れを避けるのだ。

餅搗きに馬上で内儀采《ざい》を振り　辻木（柳多留・五〇）

という川柳は、生理中の内儀が指図だけするということだ（後に記すが、月経を馬とも言う）。『落窪物語』（一）には、侍女が石山寺参詣に行くのを断るのに、「俄かに穢れはべりぬ」と言うことがある。寺参りも憚ったのだ。ただし先の『蜻蛉日記』の例は、京都の西山の寺に籠もっていてのことだ。

血の穢れを忌んで、さまざまな語、忌み言葉が行われた。

安永四年（一七七五）に出た越谷《こしがや》吾山《ござん》の全国方言辞書『物類称呼』（五）には、

○月水《つきのさはり》を、畿内の方言に。手桶番《てをけばん》と云ふ（水に付キといふ秀句（しゃれ））美濃及び尾張・伊勢辺に。たやと云ふ（待室《たいのや》の略なりといふ）、江戸にて。さしあひ又さはりと云ふ。仙台にて八左衛門といふ（はやり詞なるべし）

とある。

「さしあひ」は先に引いた『大上臈御名之事』にあった。

「月の物」は承応二年（一六五三）成立の『紅梅千句』に、

月の物の間はそばへお寝《よ》りあるな（長頭丸）

の句があるなど江戸前期から見られる。本来は女房言葉だった。「月役」も江戸前期から見られる。

「月の水」は漢語「月水《げっすい》」の訓読で、江戸中期から例がある。

「猿猴《えんこう》」「猿猴坊」と言うのが、安永八年（一七七九）に出た山手馬鹿人（大田南畝）の洒落本（遊里を描く小説）『深川新話』に、

なんだと手水《てうづ》に往《い》ったと。手水か行水か知らねえが、大概《てえげえ》ほどの有ったもんだ。ゑんこうばうあげくの居風呂《すいふろ》でも、さう久しく懸《かか》るもんぢゃアねえわい。

とあるなど、江戸中期から見られる。猿猴はサルのこと、猿が水に映った月を取ろうとして水に落ちて死んだという『僧祇律』の故事があり、猿が数匹手をつないで水に映る月を取ろうとする図柄の絵がある。月の水ということで言う。

気の毒さ嫁《よめ》入った夜からおゑんなり（末摘花・三）

という句は、女の名のようにして「おゑん」と言ったものだ。

最近では、やはり月の縁で、セーラームーンと言うことがあるそうだ。「かぐや姫」というすこしクラシックな言い方もあるとのこと、これも月の縁だ。

江戸前期から「火」と言うことがある。『紅梅千句』に、

火を遠のくる縁付きの夜半（友仙）

逢ふ事はかさねてといひ他屋に寐《ね》て（長頭丸）

という付け合いがある。谷川士清《ことすが》の辞書『倭訓栞《わくんのしおり》』に、「後宮名目に、経水を火と名づけたる事、対屋に出でて別火を構ふる事よりぞ起こりける。」と説明する。「対屋」は先に記した「他屋」だろう。わたくしは赤い血を火に見立てたものと思っていた。

「お客・お客さん」は江戸中期ころから見られる。定期的に来るものということだろう。ナプキンが座蒲団のようだからと書いたものを見たが、そんな新しいものではない。大田全斎『俚言集覧』に「西土（中国）にて月客といふ」とある。「月客」は『大漢和辞典』にも見えるが、「お客（さん）」は漢語の影響ではなく、庶民の思い付いたものと考えたい。

「馬」「お馬」とも言った。

奥様の御馬は羊ほど食らひ　器水（柳多留・三二）　ティッシュを多く使う。

殿さまも下女もお馬は鳥居きり　是楽（柳多留・三六）　神社へ近付かない。

など江戸中期から見える。月経の時に用いるT字形の帯が馬の腹帯に似ているので言う。

東条操『分類方言辞典』（昭和二九年）には、各地の四十一語が載っている。現在はもっと少ないかもしれないが、先のセーラームーンのように新しい語が作られることもあるだろう。

時代が下るにつれて、月経の隠語は忌むというより、生理を恥じらって隠そうとしているのだろうが、今でもこういう言葉が少なくないのは、日本人が女性の生理をどのように感じていたかを考えさせる。

四…正月言葉

正月には同じ物でもわざと別の語でめでたく言うことがある。

正保五年（一六四八）に出た北村季吟の歳時記『山之井』の「元日」の箇所に、

すべて正月は世の常に変はる事のみぞ多き。鼠を嫁が君と呼び、海鼠《なまこ》を俵子《たはらご》と名づけ、朝夕の寝つ起きつをもいねつむ、いねをさむなど言ひ、なほ開き豆、芋のかみなどやうに言ひつけたることわざ…

とあるのを手掛かりに、正月言葉を見て行くことにする。

嫁が君

鼠を「嫁が君」と言う。

よめが君餅をぞけふは初冠り《うひかぶ》　長頭丸（崑山集・一）

という句がわたくしの知った最古の例だ。作者は貞門俳諧の総帥の松永貞徳。松尾芭蕉の初期の句に、

餅花や挿頭《かざし》にさせる嫁が君（堺絹）

とあるのは、右の貞徳の句を意識してのものかもしれない。

越谷《こしがや》吾山《ござん》の全国方言辞書『物類称呼』（二）に、

鼠　ねずみ○関西にて。よめ又よめが君と言ふ。上野にて。夜《よる》のもの又よめ又おふく又むすめなど言ふ。東国にもよめと呼ぶ所多し。遠江国には年始にばかり「よめ」と呼ぶ。（略）今按ずるに、年の始めには万《よろづ》の事祝詞を述べ侍る物にしあれば、寝起きと云へる詞を忌み憚《はばか》りていねつむ・いねあぐるなど唱ふるたぐひ数多くあり。鼠も寝《ね》のひびきにはべれば、嫁が君と呼ぶにてやあらん。

各地での言い方を述べ、正月には「寝」という病気を連想させる語を嫌って、ネズミのネが「寝」と同音なので避けて言うのだろうと言うのだ。ネズミが「寝」だから避けるのならネコも避けなければならなかろうと思うが、後に引く大田南畝の『一話一言』に八丈島では正月の言葉にネコをカワブクロ（皮袋か）というとあるから、ネコも避けたのかもしれない。

南方熊楠「鼠に関する民俗と信念」（『十二支考』所収）には、

さて一年の計は新年にありて、鼠害を減ずるため、支那で、七日とか十日とかの夜、鼠の名を呼ばず、これを馳走し、日本でも、貴族の奥向きなどで年始三ガ日間ネズミと呼ばず、ヨメと替名したのだ。

とある。

語源について、大石千引の語源辞書『言元梯』には「夜群《ヨメ》」としている。『天野政徳随筆』(三)にも「夜に至れば群れ歩《あり》くものなれば、夜群の約にて言ふならん」と同じことを記す。こちらの「夜群」はヨムレと読み、yomure が yome になったと言うのだろう。

小山田与清《おやまだともきよ》の『松屋筆記《まつのや》』(九)では、「鼠をよめのことといふは、夜目の子の義にや。鼠は夜目の見ゆるものなれば、さも言ふべし」とし、大槻文彦『大言海』も「夜目が君ノ意カ」とする。

楳垣実「嫁が君」(『嫁が君』所収)には、

ずっと古くからヨモノという語があった。おそらく「夜物」ではなくて、ヨまたはユは「忌《いみ》」の意だったから、「忌む物」の意であろう。福島県・長野県・京都府では、このヨモノがネズミの忌みことばとして使われ、埼玉県秩父郡日野沢でも、ねずみをヨモノ・ヨモノサマ・ヨメゴなどと使う。だからヨメゴという語が生まれるのには、このヨモノの感化影響があったと考えられる。

としている。これは柳田国男『禁忌習俗語彙』(忌詞)に、

ヨモノ　福島県の北半、信州の南部、及び丹波でも(丹波通辞)、元は鼠をヨモノと謂っ

て居た。（略）ヨモノは誰しも夜物の義だと思ふが、夜とは関係の無い猿までをヨモノと謂ふのを見ると、本来は忌みもの又は忌むものであった。

とあるのによる。

以上の諸説はどれももう一つ納得させないように思われる。

鼠をヨメと言った例が『和泉式部集』に見える。式部の娘の小式部が子を産んだ時に、藤原道長から、

嫁の子の子鼠いかがなりぬらむあなうつくしと思ほゆるかな（六一四）

という歌を送られ、和泉式部が、

君にかく嫁の子とだに知らざればこの子鼠の罪軽《かろ》きかな（六一五）

の歌を返したとある。平安時代にはネズミを「嫁の子」と言っていたのだ。

俵子《たわらご》

俵子やこがね花咲く国のもの　友蝶（新類題発句集・春）

宮城県の金華山沖で捕れたナマコを詠んだ句だ。

ナマコを「俵子」と言うのは室町時代から例がある。一六〇三年にイエズス会で出した『日葡

辞書』に、

Tauarago.（タワラゴ） または、Namaco（ナマコ）。日本で食用にされるなまこ。

とあり、古くは必ずしも正月だけの語ではなかったのかもしれない。

語源などについては、伊勢貞丈《さだたけ》の『安斎随筆』（八）に、

その形少し丸く少し細長く、米俵の形の如くなる故、タハラゴと名付けて正月の祝物に用ふる事、庖丁家の古書にあり。米俵は人の食を納むる物にてメデタキ物故、タハラゴと云ふ名を取りて祝に用ふるなり。

と説明してあるのが正解だろう。これは忌むのではなく、めでたく言ったものだ。

いねつむ・いねあぐる

小林一茶に、

一はなに猫がいねつむ座敷かな（文政句帖）

という句がある。正月の寝起きを「いねつむ」「いねをさむ・いねあぐる」と言う。青木鷺水《ろすい》の元禄十一年（一六九八）刊『誹諧新式《はいかい》』に、

いねつむ　いねあぐる　三ケ日の間、人の寐起《ねおき》をいふなり。寐の字を書きて和訓イヌル・イ

ネツ・イネテなども読めば、イネを稲に取りなしたるなり。ツム・アグルは稲の詞也。と説明してある。病気で寝ることを思わせる「寝」を避けて古語でイネと言い、同音の「稲」にして、米俵を「積む・上げる・納める」とめでたいことにしたものだ。

四時堂其諺《きげん》の歳時記『滑稽雑談《こっけいぞうたん》』には「いねあぐる」を説明した後に、「涙を出すを米こぼすなど、みな祝詞なり」とあり、『俚言集覧』には「よねこぼす　正月の忌詞にて、泪《なみだ》をながすことをよねこぼす、また福をこぼすとも云ふ」とある。涙は悲しくて出るものだから、ヨネ（米）や福とめでたいものにしたのだ。

開き豆

ひらき大豆《まめ》食うて勇むや午の年　（無記名）（誹諧発句帳・春）

黒川道祐の貞享二年（一六八五）の年中行事書『日次紀事《ひなみ》』の元日の記事の中に、「開キ豆　水ニテ煮タル大豆、是ヲ開豆《ヒラキマメ》ト謂フ」（原漢文）とある。水で煮ると皮が剥けて開いたということになるのだろう。「開く」が開運を暗示してめでたいのだ。『滑稽雑談』では、「ひらき豆は、白豆を塩煎りにして押し開きたる物なり」と別のものにしている。

同じような名のものに「開き牛蒡《ごぼう》」がある。長方形の柱のように切った牛蒡で、楪《ゆずりは》、羊歯《しだ》の葉を敷いた上に並べて祝いの物とした。

芋の頭《かみ》

「芋の頭」というのはサトイモ（里芋）の球茎のことで、イモガシラ（芋頭）、オヤイモ（親芋）とも言い、正月の雑煮に入れる。

守れなほ年々祝ふいものかみ　以重（誹諧発句帳・春）

イモガシラも新年を感じさせる句であれば、春（新年）の季語になる。

去年《こぞ》の春小さかりしが芋頭　元広（あら野・二・歳旦）

イモガシラは平安時代から見られる普通の語だが、イモノカミは、『山之井』に言うように、正月の特別な語と思われ、例は江戸時代からしか見られないようだ。

四時堂其諺の歳時記『滑稽雑談』に、「また芋頭を用ふること、万物の頭を領ずるの祝意なり」と説明するのが当たっている。カシラは集団の最上位の者を言うことから、祝いの心で用いるのだ。「芋のかみ」も、カミに上位、長官の意味があることで、やはり祝う心で用いている。

ここまで『山之井』にある順に見てきたが、これ以外にも正月だけに用いる語は少なくない。

若水

元日に最初に汲む水を「若水」と言う。今はたいていの家では水道を使っているから、こういうことに感動しなくなった。

源俊頼《みなもとのとしより》に、

君がためみたらし川を若水に掬《むす》ぶや千代の初めなるらむ（散木奇歌集・祝・六八五、千載集・賀・六一〇）

の歌がある。詞書に、堀河天皇（在位、応徳三〈一〇八六〉―嘉承二〈一一〇七〉）の時代に立春の朝の心を詠めと仰せがあったので詠んだ、とある。歌からすると、井戸ではなく神社の川で汲むこともあったのだろう。文治二、三年（一一八六、七）ころに書かれた顕昭の歌語の解説書『袖中抄』（二〇）に、

若水は立春日、主水司《もんどりつかさ》（宮中の飲

若水汲み（案内者・一）

料水などを司る役所）の公《おほやけ》（天皇）に奉る水を言ふなり。案内知らぬ人は正月元日奉る由申す。僻事《ひがこと》（間違い）なり。

とある。このことは、『延喜式』（主水司）に「若水」とは書いてないが出ている。『栄花物語』（若水）に、万寿四年（一〇二七）の元日に、前年の十二月九日に誕生した章子内親王に、「若水していつしか御湯殿参る（若水で早速湯をお浴びせする）」とあるから、本来は立春のものなのだが、平安後期には元日にも言ったようだ。

『万葉集』にヲチミヅという若返りの水の意味の語がある（四・六二七など）。若返り水は古くから信じられていた。「若水」はその意味かとも考えられる。

大服《おおぶく》

江戸初期の笑話本『戯言養気集』（上・物いまひの部）に、

清水寺に住む老僧、下小法師に、「明日は元日にあるほどに、茶は大ぶく、餅の煮たるをばかんと言へ。構ひて万《よろづ》心得申し候へ。」と教へければ

とある。元日に立てる茶がオオブクだ。

『日葡辞書』に、

Vôbucu（ヲゥブク）　茶（*Cha*）の大量の一回分。

とあり、本来は一服の量の多い茶を言ったようだ。あるいは正月のものも、初めはいつもよりも多量の茶だったのかもしれない。

『滑稽雑談《こっけいぞうたん》』（一）には、京都の六波羅密寺の縁起に、村上天皇がこの寺の観音を信敬していて、御病気で薬が効《き》かなかったが、寺の本尊の霊夢の告げがあって、供した典茶を服して病気が平複なさり、その後は元旦に寺の供茶を服されたので、王服と称して貴賤の人々が服するとあるが、宮中ではその沙汰は無い。一説には足利家の時に茶道が盛んで、人々が若水を汲んで茶に和して祝ったことから、万家で行うのかとも言う、と故実を記しているが、著者自身も納得はしていないようだ。

『改正月令博物筌』（一）には、

大服　点茶の名也。服の字、忌服《いみぶく》の服の字にて不吉ゆゑ、元日に立てし茶を大福と書きて祝ふなり。

と「大福」と書くことを述べているが、「大服」と書いた例のほうが多いようだ。

『守貞謾稿』（春時）に、

福茶　京坂にては、元日、まづ若水を以て手水《てうづ》をつかひ、次に大福と号《なづ》けて、烹花《にえばな》の茶に梅

干と昆布一片を入れて飲之《これをのむ》。（略）ただ今朝一回のみ。蓋《けだ》し茶を大服に汲むを祝ひて、行之《これをおこなふ》ならん。（略）

江戸にてはおほぶくと云はず。福茶と云ふ。元日、二日、三日、六日、七日、十一日、十五、六日等、数回飲之。或いは三ケ日飲之家もあり。元日のみと云ふに非《あら》ず。然《しか》も多くは夜食前に烹之《これをにる》也。

と江戸と京阪の違いを説明し、オオブクは京阪のものとしている。これは江戸末期の本だが、初期にもそうだったのだろうか。

ここには江戸では「福茶」と言うとある。わたくしの家では、節分の夜に茶に煎り豆を加えて煎じたものを「福茶」と言い、冬至に味噌に漬けた柚子《ゆず》を出して茶うけにして飲むことにしていた。黒田月洞軒の元禄元年（一六八八）から十六年までの狂歌を集めた『大団《おおうちわ》』（七）に、

同じ夜（煤掃きの夜）、人にかはりて
お子さまをはらみ女の福茶とて実山椒《げに》の恵みたまふぞ（二二四二）

とあるのは、煤掃きの夜のものとしていることになる。江戸時代には煤掃きは十二月十四日が普通だったが、この例は大晦日なのだろうか。

御降《おさが》り

元日または三が日に降る雨や雪を「御降り」と言いう。

わたくしは芥川龍之介の随筆集『点心』でこの語を知った。少し長いが引用する。

御降《おさが》り

今日《けふ》は御降《おさが》りである。尤《もつと》も歳事記《さいじき》を検《しら》べて見たら、二日《ふつか》は御降りと云はぬかも知れぬ。が蓬萊《ほうらい》を飾つた二階にゐれば、やはり心もちは御降りである。下では赤ん坊が泣き続けてゐる。舌に腫物《はれもの》が出来たと云ふが、鵞口瘡《がこうそう》にでもならねば好《よ》い。ぢつと炬燵《こたつ》に当りながら、「つづらふみ」を読んでゐても、心は何時《いつ》かその泣き声にとられてゐる事が度々ある。私《わたし》の家は鶉居《じゆんきよ》ではない。娑婆《しやば》界の苦労は御降りの今日《けふ》も、遠慮なく私を悩ますのである。昔或御降りの座敷に、姉《あね》や姉の友達と、羽根をついて遊んだ事がある。その仲間には私の外《ほか》にも、私より幾つか年上の、おとなしい少年が交《まじ》つてゐた。彼は其処《そこ》にゐた少女たちと、悉《ことごと》く仲好しの間がらだつた。だから羽根をつき落したものは、羽子板を譲る規則があつたが、自然と誰でも私より、彼へ羽子板を渡し易かつた。所がその内にどう云ふ拍子《ひやうし》か、彼のついた金羽根《きんばね》が、長《な》押《げ》しの溝《みぞ》に落ちこんでしまつた。彼は早速《さつそく》勝手から、大きな踏み台を運んで来た。さうしてその上へ乗りながら、長押《なげ》しの金羽根を取り出さうとした。その時私は背《せい》の低い彼が、踏み台の上に爪立《つまだ》つたのを見ると、いきなり彼の足の下から、踏み台を側《わき》へ外《はづ》してしまつた。彼は長押しに手をかけた儘、ぶらりと宙へぶら下つた。姉や姉の友だちは、さう云ふ彼を救ふ為に、私を叱つたり賺《すか》したりした。が、私はどうしても、踏み台を人手《ひとで》に渡さなかつた。彼は少時《しばらく》下つてゐた後《のち》、両手の痛みに堪へ兼たのか、とうとう大声に泣き始めた。して見れば御降《おさが》りの記憶の中にも、幼いながら嫉妬《しつと》なぞと云ふ娑婆《しやば》界の苦労はあつたのである。私に泣かされた少年は、その後《のち》学問の修業はせずに、或会社へ通《かよ》ふ事になつた。今ではもう四人の子の父親になつてゐるさうである。私の家の御降りは、赤ん坊の泣き声に満たされてゐる。彼の家の御降りはどうであらう。（一月二日）

御降《おさが》りや竹ふかぶかと町の空

芥川は元日だけのものとしているが、『山之井』には、「松の内に降る雨はおさがりと言ひならはせり」として、

おさがりは天《あま》の逆鉾《さかほこ》の雫《しづく》かな　　三弓

という句を載せている。同じ北村季吟の『増山井』には、

おさがり　元日にふる雨を世俗にいひならはせり。

としている。田中千梅の宝暦三年（一七五三）刊の『篗纑輪《わくかせわ》』（上）では、「三ケ日ノ雨ヲ云フ。御降《サガリ》也」

としている。範囲に揺れのある語のようだ。
『滑稽雑談《こっけいぞうたん》』には、
世俗云ふ、歳始にふる雨雪をおさがりと呼べり。按ずるに、是《これ》あまさがるの転語也。雨ふり、雨そそぐなど、涙に寄せたる詞なれば、是を忌みていふならし。
という語源説を掲げている。アマザカルは考え過ぎのようだが、後半の涙に言うので避けたというのは妥当だろう。

歓楽

病気を「歓楽」と言う。病気の苦痛と逆のことを言ったのだ。藤原定家の日記『明月記』の建久九年（一一九八）正月二日の条に、
予即ち退出し、直ちに出でて車に乗りて家に皈《かへ》る。心神甚だ歓楽し、家の門に入るの後、身《しん》躰《たい》歓楽し、忽《たちま》ち為方《せむかた》を知らず。終夜甚だ歓楽し、鶏明に臨みて頗《すこぶ》る落居す。（原漢文）
と「歓楽」を三度も記している。よほど不調だったのだろう。鎌倉幕府の記録の『吾妻鏡』（一九）の承元二年（一二〇八）正月十一日の条にも、
御所の心経会也。去んぬる八日式日為《た》りと雖《いへど》も、将軍家（源実朝）の御歓楽に依って今日に

及ぶ（原漢文）

とある。

小山田与清《ともきよ》の随筆『松屋筆記《まつのやひっき》』（三八）に、ある儒者の『吾妻鏡』の注釈に、鎌倉幕府の二代将軍源頼家が御歓楽によって人と対面しないという箇所に、こんなに放逸な振舞だから天下を失ったのだと論じているのはかたはらいたい論者だ、と冷やかしている。

数の子

「数の子」は正月だけの言葉ではないが、正月の膳に乗せるのは、多産を祝ってのことだろう。元禄八年（一六九五）に出た人見必大『本朝食鑑』（鱗部二）の「鯟（カド）」の説明に（原漢文）、二親（にしん）とは父母のことで、人の子が多いのは父母に依るので、鯟の数の子の多さは他の魚の及ぶところでないので名付けたか、カドノコとカヅノコは同じもので、トとツの二訓が通ずるので、誤って鯟子を数の子とするのか、とある。正しくは「数」はカズであってカヅではないが、江戸時代にはズとヅが同じ音になっていた。この説のように、「カド（鯟。ニシンのこと）の子」の転じたものだろうが、卵が多いので数の子と言うようにもなったと思われる。魚の卵が多いのはニシンに限らないが、ニシンの卵は他の魚のよりも固く、保存のために干してもまとまっているので、「数の子」と言うのだろう。なお、『節用集』では、室町末期の天正十八年本、易林本の『節用集』に「鰊鯑《カドノコ》」とあり、饅頭屋本に「数子《カズノコ》」とある。

永禄十一年五月十七日に越前（福井県）の朝倉義景（一五三三―七三）が、頼って越前へ来ていた将軍足利義昭《よしあき》（一五三七―九七）を一乗谷城で饗応した記録の『朝倉亭御成記』に、

三　かずのこ。からすみ。御汁白鳥。こざし。くらげ。いか。同たけのこ。

十四献。かずのこ。卯花なます。うけ入。

とあり、豊臣秀吉が前田利家の京都の屋敷を訪問した記録『文禄三年（一五九四）卯月八日加賀之中納言殿江御成之事』に、

二献（略）かずの子。かいあはび。さしみ。

とあるから、古くは正月用に限ったものではなかったが、寛永十年（一六三三）に出た江戸時代最初の俳書『犬子集《えのこしゅう》』（春上）の「元日」の題の中に、

数の子は二親《にしん》をいはふ年始かな　氏重

の句があり（二親は魚のニシンをかけたもの）、井原西鶴の『世間胸算用』（四・二）に、浪人たちが大晦日に大阪から奈良への道で追い剥ぎに出て、小男のかついだ包みを奪うと、男が「明日の御用にはとても立つまい。」と言うので、開けて見れば数の子だったとあり、江戸前期からは正月

用の物と意識していたことが知られる。『本朝食鑑』には、九、十月から二、三月に至る間に採る。松前数の子というのがあり、形は大きく色は黄で、味も甘美で、最も珍賞する。秋冬の際に諸国に運転して、臘月(十二月)・正月に市中で多く売る。他の月には全く無い。我が国の流俗(ならわし)として、歳首に家家で祝いの一つの具とするのは子孫繁多の意味にしている、とある。

搗栗《かちぐり》

臼で搗《つ》くことをカツと言う。干した栗の実を軽く搗いて殻と薄皮を除いたものがカチグリだ。正保二年(一六四五)の俳書『毛吹草』(二)の正月の季語の中に「かち栗」とあるのをはじめ、以後の歳時記類に正月の季語としている。中には「飾る」としなければ正月の語にはならないとするものもある。

搗栗や餅にやはらぐそのしめり　沾圃(続猿蓑・下・春)

固い搗栗が餅の湿り気を受けて軟らかくなっているのだ。

正月の祝いの蓬莱飾《ほうらいかざ》りの盆に搗栗を入れる。カチは「勝ち」と同音なので、武家の世界で喜ばれ、出陣の祝いに用いたのを、一般の正月にも用いるようになったのだ。

田作《たづくり》

カタクチイワシ（片口鰯、ヒシコイワシ（鯷）とも言う）の干物を炒《い》って、醤油・砂糖・味醂《みりん》などを煮詰めた甘辛い汁をからませたものがタヅクリだ。寛文七年（一六六七）刊の歳時記『増山井《ぞうやまのい》』の正月の季語の「蓬莱かざる」の中に「田つくり　ほしいわし也。ことのばらとも言へり」とあるから、古くは干物を飾ったようだ。

江戸前期の『古今料理集』（七）の「鱠《なます》の部」に、「田作はよく熱湯《あつゆ》にて砂を洗ひ落とし、三枚にへぎ、少し炒り乾かして用ふべし」とあるから、正月以外にもタヅクリと言ったのだろう。

『本朝食鑑』（八・鱗介部之二）に、「小鰯（即チ鯷《ヒシコ》也）」として、各地で最も多く採れるとして食用のことを記した後に、乾したものをゴマメと言う。全国各地で稲を種《う》えるのに、乾した鯷を細かく刻んで灰に和して培《つちか》う。糞汁を和することもある。これで稲は実り、米は甘実になる。それで乾鯷を田作と曰う、とある（原漢文）。肥料にして田を作るからタヅクリなのだ。田を作るのも農家にとってめでたいことなので、正月に用いる。

コトノバラ（小殿原）は『毛吹草』（四）諸国の名産を並べた中の摂津（大阪府）の箇所に、「兵庫ニ簾干《スボシノ》小鰯　世ニ是ヲゴマメ、又コトノバラト云フ」とある。『日葡辞書』に、「Cotonobara（コトノバラ）　日に干した小鰯。これは婦人語である」とあり、『女重宝記』（一）には、女房言葉を並べた中に、「一　ごまめは、ことのばら」とあるから、本来は女房言葉だった。『本朝食鑑』には、「或いは小殿腹と称して子孫繁栄の義を祝する也」とある。バラは複数を表わして、若い武士たちということかとも考えられる。

寛永十九年（一六四二）に出た句集『鷹筑波集』（一）に、

ことのばらをもつるる大名／竹の子の御汁にまじるほしいはし（賀和）

とあるのは、大名が若い武士たちを連れているという前句を、ダイミョウチク（大名竹・大明竹）の汁に干し鰯、つまりコトノバラが入っているとずらした付け合いだ。この句からは、普通には出しを取るのに用いたものと考えられる。

大田南畝の随筆『一話一言』（三七）に八丈島の方言を記した後に、「正月祝ことば」として、

イチニチビ　元日の事
フツカビ　二日の事
ミッカビ　三日の事
コウニチ　九日の事
イネツミ　煩ふ事

カワブクロ　猫の事。常々はネッコメといふ
ヨメゴドノ　鼠の事
マイタマ　芋頭の事
トミサガリ　雨降る事
オホフク　福茶を祝ふ事
クロヲトコ　出家の事（但し正月四日前ばかりいふ）
国ガへ　死去の事
イトヒキ　女経水の事

とある。

明治元年前後の江戸の武家には特別な正月の忌み言葉があったと、東京日日新聞社会部編『戊辰物語』にある。

武家に共通した三カ日の忌み言葉というのがある。ねずみ、なべ、箒《ほうき》、何の意味かわからないが、絶対にこれを口にせず、止むを得ない時にはねずみをおふく、なべをおくろ、箒をおなぜといった。（原翁、渋谷翁談）

鼠を「おふく」と言うのは『物類称呼』にあった。釜を「おくろ」と言うのは後に記す女房言葉で、元禄五年（一六九二）の『女中詞』に「おくろ　竈」「おくろ物　食鉢」、正徳二年（一七一二）の『女中言葉』に「おくろ　かまの事」とある。底が油煙で黒くなっているということか。箒を「おなぜ」と言うのは、明治三十四年の『風俗画報』二二四号に、「元日塵を払はず」と題して、

若《も》し掃除をすれば、福を掃き出すの恐れありといふは、俗説なり。因《よっ》て元日はハウキといふ語を忌みて、故《ことさ》らにオナデといひ、水引をかけて置き二日に至り始て掃除をなすなり。

とある。掃くと言うのを嫌って「撫でる・撫ぜる」と言ったのだ。わたくしの家でも昔は三が日には掃除をしなかった。福を掃き出してしまうのを嫌ったのだ。

正月言葉は「女のことば」ではないが、忌み言葉の一種なので、ここに入れた。

五…女房言葉

狂言「お冷《ひやし》」は、シテの太郎冠者《たろうかじゃ》とアドの主人とがオヒヤシという語について語り合うもので、次の会話がある（和泉流『狂言六義』による）。

主　「汝《なんぢ》はあの滝のお冷やしを掬《むす》んで来い、と云ふ。

シテ　「何の事で御ざるか、と云ふ。

主　「人が聞くに卑しい事をぬかす、お冷やしと云ふ物ぢゃ、と云ふ。

シテ　「浮世に水と云ふは聞いて御ざるが、お冷やしとは今初めて聞きまらした、と云ふ。

主　「おのれが卑しい奴ぢゃによって、お冷やしと云ふ事を知らぬは。

シテ　「上つ方の華奢《きゃしゃ》な女房達のおしゃるは存ぜぬが、こなたの大きい口から、お冷やしの、掬んでの、人が笑ふ、と云ふ。

主　「憎い奴ぢゃ。此のやうな華奢な言葉を教ゆるを、忝《かたじけな》いと思はいで、罰が当たらうぞ。たしなめ、と云ふ。

主人が水をお冷やしと言ったのを、太郎冠者が、上流の華奢（上品）な女房たちが言うのは知らないが、あなたの大きな口から言うのはおかしいと批判したのだ。オヒヤシは今ではオヒヤと言う。飲む水のことだ。

室町時代の上流の女性の用いた語を「女房言葉」と言う。「房」は部屋、「女房」は宮中の女官の部屋のことで、その部屋を与えられている女官をも言う。女性の意味になったのは平安後期、妻の意味にもなったのは、鎌倉時代のようだ。

元は宮中に仕える女官たちの間で行われた隠語だから「女房言葉」と言うのだが、それを室町幕府の女性たちも用い、更に広まって、江戸時代には一般の女性たちにも行われ、今日でも生き残って、そういうものとは知らないで普通に用いている語があるのだ。

○海人藻芥

応永二十七年(一四二〇)に恵命院宣守が著した『海人藻芥《あまのもくず》』に、

内裏・仙洞《せんとう》(上皇の御所)ニハ一切ノ食物ニ異名ヲ付《つけ》テ被召事也《めさるることなり》。一向不存知物《ぞんちせざるもの》当座ニ迷惑スベキ者哉《ものかな》。

飯ヲ供御《ぐご》。

酒ハ九献《くこん》。

餅ハカチン。

味噌ヲバムシ。

塩ハシロモノ。

豆腐ハカベ。

索麺《さうめん》ハホソモノ。

松蕈《まつだけ》ハマツ。

鯉ハコモジ。

鮒《ふな》ハフモジ。

鶫《つぐみ》ハツモジ（但《ただし》ツグミヲ供御ニハ不備也《そなへざるなり》）。

ツクヅクシ（土筆）ハツク。

蕨《わらび》ハワラ。

葱《ねぎ》ハウツホ。

如此《かくのごとき》 異名ヲ被付《つけらる》。近比《ちかごろ》ハ将軍家ニモ女房達皆異名ヲ申スト云々。御菜ヲバオメグリト云《いふ》。

常ニオマハリト云フハワロシ。椙原《すいばら》ヲバスイバ、引合ヲバヒキト申也《まうすなり》。


とある。いくつかの女房言葉をまとめて記す最古のものだ。

内裏・仙洞で食物に異名を付けたので、知らない者は当惑するものだとして、例をあげ、近頃は将軍家でも異名を言っているとしている。

これらの語を語の成り立ちから分類すれば、次のようになる。

①従来からのもの。

供御、九献

供御は、『養老律令』の「職員寮令」の、主殿寮の頭（長官）の掌《つかさど》ることの最初に、「供御輿輦《よれん》（こし・くるま）」と出ている。「供御」は天皇の行幸にお使いになるものということだ。『宇津保物語』（蔵開・上）に、天皇の御食事を「金《こがね》の瓶に供御入れかへて」と記す。後には上皇、皇后、皇子にも用い、武家時代になると将軍の飲食物にも言うようになった。後に引用する『大上臈御名之事《おおじょうろうおんなのこと》』には「内裏には飯《いひ》に限らず供ふるものをぐごと言ふ」とある。

九献は、本来は酒を三献（三杯）ずつ三度さすこと、今日の結婚式などで行う三三九度だ。正式な酒の飲みかたとして平安時代から行われていた。それを酒の意味に用いるようになった。後深草院二条の正和二年（一三一三）以前成立の『とはずがたり』（一）に「世の常ならず白き色なるくこんを」と、酒の意味に用いた例がある。

②製法によるもの。

　カチン、ムシ（蒸）

餅をカチンということには諸説があるが、新井白石の『東雅』（飲食）、伊勢貞丈《さだたけ》の『貞丈《ていじょう》雑記』（六）などの「搗《か》ち飯《いい》（搗《つ》きまぜた飯）」という説に従う。式亭三馬『浮世風呂』（三下）には、上品な女性の　会話に「おかちんをあべ川にいたして、さる所でいただきましたから」とあり、江戸後期には、民間の女性も使う語になっていた。

　味噌は材料を蒸して作るからムシだ。

③その物の色、形、感じを言うもの。

　シロモノ（白物）、カベ（壁）、ホソモノ（細物）、ウツホ（空洞）、オメグリ（お巡り）。

豆腐をカベと言うのは、白壁に見立てたのだ。

索麺は細いから細物だ。

葱がウツボは、中が空洞だからだ。

御菜（おかず）をオメグリと言うのは、中央の大きな飯椀の周囲に置く物ということだ。

④本来の語の一部を言うもの。

マツ、ツク、ワラ、スイバ、ヒキ。

「相原」は播磨国杉原村（兵庫県多加郡多加町）で産した紙。「引き合い」は助け合うこと、通じ合うことの意味か。

⑤上の一字の下にモジ（文字）を付けるもの。

コモジ、フモジ、ツモジ

以後のものに○モジという語が多く見られる。その文字の付いているものということだ。気違い（差別語だけれど説明のためにやむを得ず用いた）をキジルシ（キ印）と言ったり、惚《ほ》れるをホノジ（ホの字）と言ったりするのと同じ発想だ。以下に多く出るので、「文字言葉」と呼んでおく。

日蓮の弘安四年（一二八一）十二月の書簡「太夫志殿御返事」に、

聖人一つつ（筒）、味文字一をけ（桶）、生若布《なまわかめ》一こ、聖人と味文字はさておき候ひぬ。生若布は始めてにて候。

とある。「聖人」は清酒。味文字はミモジと読んで味噌のことだ。日蓮は女性語としてこの語を用いているのか。文字言葉の最古の例ではないかと思う。

なぜ女官たちがこういう隠語を用いたのか。

①上品な女官たちが、食物の名などを口にするのは卑しいことと憚ったものとも考えられる。安原貞室の慶安三年（一六五〇）刊の『かた言《こと》』（一）に、「公家・上臈《じゃうらふ》などは。料理といふ言葉をだに宣《のたま》ひ兼ぬるとかや」とある。

②この『海人藻芥』には無いが、月経を「さしあひ（差し合ひ）」と言うこともある。こういう忌み言葉が起こりとも考えられる。

③隠語というものは、他人には分からない言葉を使うことで、その集団の仲間意識を堅くするために生まれるものだ。女官たちは自分たちの高い身分を誇りにして優越感から排他的に使い始めたとも考えられる。

この三つがないまぜになって女房言葉は生まれたのだろう。

○大上臈御名之事

足利義政将軍時代（在職、宝徳〈一四四九〉―文明五〈一四七三〉）成立の『大上臈御名之事《おおじょうろうおんなのこと》』には、「女房ことば」として、

一、いひ(飯)。御だいぐご。おなか。内裏にはいひに限らず、供ふるものをぐご(供御)と言ふ。

とあるのを初めとして、八十六の単語の言い換えを並べ、その後に、

蝋燭《らっそく》、莚《むしろ》、刀、畳、豆、筆、硯《すずり》、数珠、墨、扇、団扇《うちは》、半挿《はんざふ》（水や湯を注ぐ器）、粥《かゆ》

皆この類《たぐひ》、「御」文字を添へて言ふ由。

として、その後に、

ふじゃう（不浄）になる事、さしあひ（差合）とも云ふ。（前に記した月経のこと）

と述べ、最後に、七種の器について記して終わる。「女房言葉」という語の初出例だ。これまでの例から分かるように、この本では普通の語を先に記してある。

この本の初めからの八十六語は、

なべ（鍋）　くろもの（黒物）

かなわ（金輪）　三あし（足）

からのこ　てうづ（手水）のこ（この語は不明）

きね（杵）　なかぼそ（中細）

うす（臼）　つくつく（搗く搗く?）

ぜに（銭）　御あし。ゆくへとも

つ（付）くるかね（鉄漿）　御はぐろ（歯黒）

てんもく（天目）　ちゃわん（茶碗）

を除いては、全て食物だ。「天目」は茶の湯に用いる擂《す》り鉢形の茶碗で、中国浙江省《せっこうしょう》天目山の寺で用いていたのを日本の禅僧などが持ち帰ったのが起こりと言う。「茶碗」が女房言葉となっている。安永四年（一七五五）刊の越谷吾山の全国方言辞書『物類称呼』（四）に、

茶碗　ちゃわん○北国及び中国・西国・四国或いは常陸にて。てんもくと云ふ。

とある。ここでは茶碗を普通の語としている。

この本の女房言葉を、先の『海人藻芥』と同じように分類して掲げる。意味不明の物、興味を持てない物は省く。『海人藻芥』にあった語には最後に「＊」を付ける。

①従来からの語

いひ（飯）　御だいぐご。おなか。内裏にはいひに限らず、供ふるものをぐご（供御）と言ふ＊

オナカは食卓の中央に置くので言う。

さけ（酒）　くこん（九献）＊

うを（魚）　御まな

マナは『今鏡』（二・鳥羽御賀）に「近衛の帝、東宮にてまな（真魚）召しける夜」とあるなど食用の魚のこと。それに「御」を付けた。

②製法を言う語

もちひ（餅）　かちん＊

みそ（味噌）　むし（蒸し）＊

③その物の形・色・感じを言う語。多いので細分する。

［形］

えび（海老）　かが（屈）み物

かなわ（金輪）　三あし（足）

火鉢などの灰に立てて、鉄瓶・鍋などを載せる金属製の輪に三本の足を付けた物。近年は見られなくなったが、「五徳」と言う。

はも（鱧）　なが（長）いおまな（「おなま」は魚）

五徳（今年噺）

かれひ（鰈）・ひらめ（平目）。　かため（片目）とも
いわし（鰯）むらさき（紫）。おほそ（御細）とも。きぬかづき（衣被）とも（下に重出）
かます（魳）　くちぼそ（口細）
かまぼこ（蒲鉾）　おいた（御板）
板に付いているので言う。
ちしゃ（苣）・ちゃう（？）　はびろ（葉広）
きね（杵）　なかぼそ（中細）
杵は手で持つ部分の中が細くなっている。
［色］
なべ（鍋）　くろもの（黒物）
さけ（鮭）　あかおなま
このわた（海鼠腸）　こうばい（紅梅）
たら（鱈）　ゆき（雪）
あるいは漢字の旁《つくり》からか。
きじ（雉）　しろおとり（白御鳥）

とうふ（豆腐） しろ（白）物とも。かべ（壁）とも（下に重出）＊
しほ（塩） おいたみ（不明） しろ（白）物とも＊
な（菜） あを（青）物
あづき（小豆） あか（赤）とも。あかあかとも
そばのかゆ（蕎麦の粥） うすずみ（薄墨）
蕎麦は米や麦よりも黒い。
つ（付）くるかね（鉄漿） 御はぐろ（歯黒）

［感覚］

なます（鱠） おなま。つめ（冷）た物とも（下に重出）
水 おひ（冷）やし。井のなかとも
大こん（根） から（辛）物
さうめん（索麺） ぞろ
ひやむぎ（冷麦） つめたいぞろ

田安宗武の『くさむすび』に「索麺をぞろといふ。啜《すす》り食《た》うべる音なひをもて言へるにや。いと卑しげなり」とある。

ふじゃう（不浄）になる事、さしあひとも云ふ。

［見立て］

ふな（鮒）　山ぶき（吹）

み（実・身）が少ないということか（楳垣実『隠語辞典』）。『女重宝記』（一）にも「鮒は　やまぶき」とある。

するめ（鯣）　よこがみ（横紙）。するするとも（下に重出）

一方向に裂けるのを言うか。

とうふ（豆腐）　しろ（白）物とも。かべ（壁）とも（再出）＊

まめなっとう（豆納豆）　いと（糸）

糸を引くので言う。

ぜに（銭）　御あし（足）。ゆくへ（行方）とも

銭をオアシと言うのは、享保十二年（一七二七）に箕田憙貞《みたきてい》の著した語源辞書『志不可起』に、魯褒《ろほう》の『銭神論』に「翼無くて飛び、足無くして走る（無翼飛、無足走）」とあり、料足とも云うのはこの足によるか、とある。銭が世間を走り回るのは足があるようだというのだ。今では普通に言う語だが、この本に「銭ヲ女中ニおあしト云フハ」とあり、大槻文彦の明治二十二―二十四

年に出た辞書『言海』にも「おあし　(名)銭《アシ》ニ同ジ(婦人ノ語)」とするように、元は女房言葉だった。『徒然草』に「多くのあしを給ひて」(五一段)、「かれこれ三万疋を芋頭《いもがしら》のあしと定めて(略)そのあし皆になりにけり(使いきった)」(六一段)など、銭をアシと書いている。男はアシと言い、女官は丁寧にオを付けたのだろう。

ユクエはあちこちへ行くということか。

④の一　本来の語の一部を言う語

かざめ(蝤蛑)　かざ

こんにゃく(蒟蒻)　にゃくとも

まんぢう(饅頭)　まん

ごばう(牛蒡)　ごん

わらび(蕨)　わら*

まつたけ(松茸)　まつ*

竹のこ(子)　たけ

つくづくし(土筆)　つく*

じゅくし（熟柿）　じゅく
ちまき（粽）　まき

④の二　語の一部の上に「お」を付ける語

かつを（鰹）　おかつ。からからとも
なます（膾）　おなま。つめ（冷）た物とも（再出）
はまぐり（蛤）　おはま

これらは一部に「お」を付けた語だが、先に「蝋燭《らっそく》、莚《むしろ》、刀、畳」などに「御」を付けるとあった。いろいろな物を丁寧に「お」を付けて言うのは、今日でも女性の言葉に多いことだ。

④の三　語の一部を重ねる語

からさけ（乾鮭）　からから
するめ（鯣）　よこがみ。するするとも（再出）
あさづけ（浅漬）　あさあさ

前にあった小豆をアカアカというのは、赤いのでアカと言ったのを重ねた語だ。

⑤上の一字に「もじ（文字）」を付けたもの（文字言葉）

こひ（鯉）　こもじ*

すし（鮨）　すもじ

さば（鯖）　さもじ

たこ（蛸）　たもじ

いか（烏賊）　いもじ

くき（茎）　くもじ（大根・蕪などを葉や茎もいっしょに塩漬けにした茎漬けのこと。）

にんにく（大蒜）　にもじ

⑥その他

うす（臼）　つくつく（搗く搗く？）

臼は米や餅を搗くもので、それを重ねたのだろう。用途ということになる。

にら（韮）　ふたもじ（二文字）

き（葱）　ひともじ（一文字）

キは一音節、ニラは二音節だから、ヒトモジ、フタモジと言うと言われている。惟高妙安《いこうみょうあん》が

永禄六年（一五六三）から中国の辞書『韻府群玉』を講義した『玉塵抄』（二八）に、

葷《くん》（くさい植物）ヲ食フトハ葱ゾ。一モジゾ。ニラト草ガアルニカハッタホドニ、葱ヲ一モジト云フ。日本ノ和名ノ上ノコトゾ。女衆ハニラヲ二モジト云フゾ。薤《かい》（らっきょう）ハニラトヨムゾ。

とある。キはネギ。ワケギ（分け葱）、アサギイロ（浅葱色）などのキだ。ネギは「根葱」ということだ。ネギの例は一六〇三年の『日葡辞書』に見えるのが最古か。

葱は細長く枝分かれせず一本なので一文字、韮は根元から二本に分かれているので二文字であるとも考えられる。

いわし（鰯）　むらさき（紫）。おほそ（御細）とも。きぬかづき（衣被）とも（再出）

ムラサキの語源について、人見必大『本朝食鑑』（八）では塩糟漬けの肉の色が紫黒なので名付けたかと言い、林羅山『梅村載筆』（天）、安楽庵策伝『醒睡笑』（一）では、アイ（鮎・藍）に勝るからとする。後者のほうは洒落《しゃれ》で面白い。キヌカヅキは不明。現在は皮のまま茹でた里芋をキヌカツギ、キヌカズキと言う。皮が着物を被っているようだからだ（後出）。

これらの中で今日でも使っているのは、オアシ（銭）、アオモノ（菜）、オヒヤシ（水。今はオヒヤ）

くらいか。饅頭を言うマンは、前田勇『上方語源辞典』に、「**おまん【御饅】**饅頭の丁寧語・女性語。**【語源】**もと女房詞。」として、この『大上臈御名之事』と『日葡辞書』のオマンを引く。関西ではオマンの形で今も用いている。

○御湯殿上日記

文明九年（一四七七）から文政九年（一八二六）までの間、宮中の御湯殿の上の間（宮中の茶の間）に仕える女官が記した四六四冊の『御湯殿上日記《おゆどののうえのにっき》』という膨大な記録がある。

この本が女房言葉の資料として重要なのは、これまでやこれからの資料はいくつかの語を取り上げて辞書的な説明をしたものだったのに、こちらは女官が実際に用いているナマの言葉を見ることができることだ。しかし説明があるわけではないので、女房言葉かどうか分からない語が多くある。

最初の文明九年正月一日の条を原文の表記どおりに記す。

一日。御ゆかけ御さたありて、御ましになる。あさ物いわゐ御こわくこまていつものことし。御はかためもの〻くのきぬふくなるゆへ、す〻しのはかまにて御いわゐの〻ち、つねの御所にてまいる。御はゐせんとしとしのことく大すもしまいらせらる〻。こう上らふも御まいり。

極めて分かりにくいので、漢字を当て、濁点を付け、歴史仮名にするなど、読みやすくしてみる。

一日。御湯掛け御沙汰有りて、御座になる。朝、物祝ひ、御強供御までいつもの如し。御歯固め物の具の絹服なる故、生絹の袴にて御祝ひの後、常の御所にて参る。御配膳年年の如く、大すもじ参らせらるる。旧（こうは誤りか）上﨟も御参り。

以下の引用では後者の表記を採り、文中の該当する語だけは元の表記とする。

右の文の中に女房言葉が二語ある。

1御こわぐご　前にあったとおりぐご（供御）は飯のことだから、「御強供御」は強飯《こわめし》（糯《もちごめ》を蒸したもの）だ。正月十四日に「ぐわんさん（元三？）の御こわぐご、するすると参る」、十二月二十五日に「今日の御こはく御、年年のごとし」とある。現代語のオコワの元になる語だ。

2大すもじ　女官の職名「典侍《ないしのすけ》」の別名「大典侍《おおすけ》」を「大す」と言い、それにモジ（文字）を添えた語。モジは役名の略にそえて「殿」くらいの敬称としたかと見られ、他に「権《ごん》すもじ（権介《ごんのすけ》）」（文明十一年十一月二十日）、「なもじ」（納言《なごん》）」（享禄四年七月十日）などがある。

最初の「御ゆかけ」は湯を掛けること、湯浴みすることで、これも女房言葉かもしれない。

この文に限らず、この本では目立って「御」が多い。『大上﨟御名之事』の箇所に記したように、

女性の言葉には「御」が多いのだ。「御」を、

宮の御方へ女房たち、男、年年のごとく御銚子事申す沙汰、御方へなし参らせられて、御ひしひしと御祝ひあり（文明九年正月十七日）

御盃御ひしひしと参りてめでたし（文明九年二月四日）

男たち召して十度飲みありて御ひしひしなり（文明九年七月二十二日）

のように名詞でない語（ひしひしは副詞）に添えることもある。

最初の文明九年の部分から女房言葉かと思われる語を拾い出して、これまでと同じように分類して掲げる。多く見える語は数例だけにする。「今日の御うし」（正月二十六日）のオウシ、「御ひつしの東《ひんがし》の御かたより参る」（五月十七日）のオヒツジなど、女房言葉かと思われるが理解できないものは省いた。他にも女房言葉と分からないで掲げなかった語もあるかと思う。なお「御」は、訓でオ・オン・ミ、音でゴ・ギョが考えられるが、これまでの例や『日葡辞書』のローマ字書きなどから推測してすべてオとする。

①従来からの語

供御　飯（前出）

く御にも御盃参りて、御ひしひしとめでたし（閏正月七日）

御ひつしすけ殿、又御うり。御樽参られて、く御の御中に参る（六月十一日）

強飯を言う「御こわぐご」が正月一日以下にあった。

日野より蓮のく御の物参る。（七月十三日）

この日は盂蘭盆《うらぼん》なので、糯《もちごめ》を蓮の葉に包んで蒸した「蓮の飯《いい》」が届いたのだ。翌年の盂蘭盆にも同じ物が見える。

はすのく御の御祝ひ、いつものごとし（文明十年七月十五日）

くこん（九献）　酒（前出）

くこんども飲ませらるる（正月十五日）

外様、内内《ないない》の男たちも番衆所《ばんしゅどころ》にてくこん賜《た》ぶ（三月二十九日）

広橋よりならくこんとて一荷《か》、二色参る（十二月十五日）

第三の例は、奈良の特産の酒を言っている。

頭文字のクにモジと付けたクモジも見られる（後出）。

御まな　魚（前出）

宮の御かたへ御たゐ（人名?）より御まな三色参る。（正月十一日）

御台より御まな三色参る。男たちの方《かた》へも御まな、御樽出ださるる（正月十五日）

御髪（おぐし）　髪を丁寧に言った語。

御削り御ぐし、新内侍殿（正月二十六日）

「御髪清し《おぐしすま》」は洗髪。

おか殿。御くしすましに御出であり（四月十九日）

「御髪置き《おぐしお》」（幼児が初めて頭髪を伸ばす儀式）という例もある。

姫宮の御方、御ぐし置きにつきて、花山の院より澱《おり》三合、御樽二荷参る（正月三十日）

『源氏物語』（若紫）に「梳《けづ》ることをうるさがりたまへど、をかしのみぐしや。」とあるなど、古くはミグシであった。ミ（御）がオ（御）になったのだ。後に引く『日葡辞書』に、「オグシ　尊敬すべき人の頭、または、頭髪。婦人語。」とあるから、室町時代にはオグシだったろう。

泉鏡花『婦系図』（後編・二一）に、

いいえ、そんなでも無いやうですけれど、臥《ふせ》っておりますから、お髪《ぐし》はあげられませんでせう。

この例は頭を言ったものだ。

岸田国士《くにお》の戯曲『落葉日記』(三)に、

収　(とぼけて)お髪《ぐし》に松葉がひっかかってゐますよ。

老婦人　(こだはらずに、取つて棄てる)

とあるなど、現代では少し改まった古めかしい感じの語のようだ。

ありのみ　梨《なし》の「無し」に通ずるのを嫌って、忌み言葉を女房が用いたもの。これは「忌み言葉」に記した。

民部卿、ありのみ一、御ふた参らる(七月十二日)

柿、ありのみ、うんれう院より参る(九月十七日)

御濛気《もうき》　病気。「濛気・蒙気」は気分が晴れないこと、病気。

東の洞院《ひんがしとういん》殿、御もうき良き御通り御申しあり。めでたし(閏正月一八日)

室町殿、今朝苦々しく御もうきとて北小路殿御参り、御心もとなき由、御言伝《ことづて》の申さるる(五月十三日)

略して一部を重ね「御」を付けて「御もうもう」とも言う。
大しゃう寺殿は御もう〳〵にて御参り無し（文明十年七月八日）
御室、御もう〳〵にて、庭田を参らせらるる。苦しからぬよし申さるる。めでたし（大永七年六月四日）

②製法からの語

かちん　餅（前出）
朝、御盃。かちんの御祝ひもいつものごとし（五月一日）
とん花院殿よりもかちんの御ふた参る（十一月六日）

③の一　形を言う語

御平《おひら》　鯛《たい》（前出）
大すけ殿帰り御参り。御土器《かはらけ》の物三色。御ひら。御樽一荷《か》参る（三月二十二日）
中橋、御樽一、御ひら一折敷参らるる（四月二十二日）
室町殿より御まな（魚）二色参る。内侍所へ御ひら一参る（十一月二十五日）

第三例は「御ひら」が「御まな」の一つであることを示している。
御板　蒲鉾。板に付いているので「御板」と言う。（前出）
御対よりはま一折、御いた参る（十二月二日）
民部卿くろ御いた参らるる（閏正月十四日）
後者も蒲鉾だろう。

③の二　色を言う語
赤おまな　魚をオマナと言うのは前にあった。肉の赤い魚だから鮭《さけ》。『日葡辞書』に、「アカオマナ　鮭。婦人語」とある。
室町殿よりあか御まな参る（八月二十日）
青蓮院殿より二の宮の御方へあか御まな参る（九月三日）
紅梅　海鼠腸《このわた》（前出）
北小路殿よりこうばい参る（閏正月六日）
北小路殿、梅の花にて花袋したる枝持ちて御参り。こうばいも添ひて参る（閏正月二十六日）

室町殿より紅梅参る。宮の御方へ御台の御方よりこうばい参る。（二月二十八日）
徳大寺の大納言、田舎より上られて、御礼に伺候。御土産、折り五合、御抑へ物三合、こうばい三十、御樽五荷参らるる。（四月十三日）

第一、第二の例は季節から考えて植物の梅の花とも見られるが、第三の例は「竹の子一折敷《をしき》御台より参る」と食物が並んでいるし、第四の例は四月に紅梅が咲いているとは思えないから、食物と考える。

雪　鱈《たら》（前出）
御台より菱食《ひしくひ》（雁の一種）、雁二、ゆき、海老、はまも参る（十二月十日）
「雪の御まな（「御まな」は魚）」ともある。
武田参らするとて、ゆきの御まな、すへより参る（十一月十六日）
あるいは漢字の旁《つくり》を言うのかもしれない。

青物　菜（前出）
こかよりあを物参る（十二月二日）

③の三　感覚による語

御こわぐご　強飯《こわめし》。前に記した。

ぐわんさん（元三？）の御こわぐご、するすると参る（正月十四日）

今日の御こはぐ御、年年のごとし（十二月二十五日）

梅あま　食品か。

伏見殿より梅あま一・御土器《かはらけ》参る。（閏正月二十九日）

臭御付け《くさおっけ》　葱《ねぎ》の味噌汁。臭は臭気の強い葱。オツケは今も言う味噌汁。

くさ御つけ、供御に参る（三月四日）

くさ御つけ、今宵まで参る（三月七日）

③の四　見立てによる語

澱（おり）　濁り酒か。搾ってなくて粕《かす》が入っているので沈澱物の意味でオリと言うのだろう。

大しやう寺殿、御参り。御土産にをり御樽ども参る（正月八日）

御たひの御方より、女房たちへとて、をり五合、御樽五荷《か》参る（正月二十日）
御樽二荷、をり三合参る（二月四日）

糸引き　納豆
妙ほん院殿よりいとひき参る（十月十日）
略して「糸」とも言う。（前出）
坂本のしつたうは、いと三十参る（十一月十八日）

衣被《きぬかず》きのまも　里芋であろう。皮が付いているのが衣を被っているように見えるのだ。マモは『大上臈御名之事』に、「一いも。おいも。まもとも」とある。なぜマモと言うかは不明。
東《ひんがし》の御方より御硯の蓋にきぬかつきのまも入れて参る（十一月十七日）

④の一　本来の語の一部を言う語
茎《くく》　茎立《くくたち》（野菜の薹《とう》）
朝御祝ひ、夜の御祝ひ、いつものごとし。くく一こんも参る（二月一日）

巻き　粽《ちまき》

山国のまき参る。いつものごとく御配り（五月四日）

源大納言よりまき参る。（五月五日）

通見寺殿よりまき参る（五月六日）

いずれも端午の節句のころのことだ。

熟《じゅく》　熟柿《じゅくし》（前出）

岡殿より柿、じゅく参る。（九月二十一日）

かいのあわ（貝のあわ）　鮑《あわび》

民部卿、赤おまな（鮭）、かひのあわ参らるる（十月十六日）

くす　薬

夕方ほどより御虫気《むしけ》。しげなが召す。御脈取らせらるる。ゑしゃう院、くす御硯の蓋に入れて参らるる（十一月三日）

はま　蛤《はまぐり》。『大上﨟御名之事』に「一はまぐり。おはま」とあった。
御台よりはま一折、御いた参る（十二月二日）
御台より菱食《ひしくひ》（雁の一種）、雁二、雪、海老、はまも参る（十二月十日）

④の二　語の一部の上に「御」を付けた語。
おふた　蓋物
大将殿より梅の枝、御庭のとて、澱《おり》一、御ふた参る（閏正月九日）
東《ひんがし》の御かたよりかちんの御ふた参る（九月十日）

④の三　語の一部を重ねる語
するする　するめ（鯣）
ぐわんさん（元三？）の御こわぐご、するすると参る（正月十四日）（このスルスルはあるいは副詞か。）

いしいし　団子。美味の意味の形容詞「いし」を重ねた語。一部だけを重ねたのではないが、ここに入れておく。

御参りある御人たち、御宿へ引き入れ参らせられて、御肴いしいし、歴々の御沙汰なり（四月二十日）

『東海道中膝栗毛』（五下）に、「江戸で団子のことをいしいしといふから」とある。江戸後期には江戸語として用いていたのか。

⑤一字にモジ（文字）を付けた語（文字言葉）

ふもじ　鮒《ふな》（前出）

東《ひんがし》の御方よりふもじ。明日の御精進解けにとて、参らせらるる（閏正月二十九日）

くもじ　九献《くこん》のクにモジ（文字）を添えた語。酒。

くもじなどありて、御盃あまた参る（二月七日）

伏見殿、今宵くもじなる（四月一日）

すもじ　鮓《すし》

中橋よりすもじ参る（五月四日）
今日の御うし、中橋とり参る。すもじ一・御土器《かはらけ》、北小路殿より参る。（五月十一日）
御土産にすもじ一折敷参らるる（十月八日）

こもじ　鯉（前出）
宰相中将殿よりこもじ二参る（五月十日）
北小路殿よりこもじ一参る（七月一日）
室町殿よりこもじ一折敷参る（十月十九日）

ほもじ　干飯《ほしいい》
室町殿よりほもじ参る（七月二日）

たもじ　蛸《たこ》（前出）
東の洞院《ひんがしとういん》よりたもじ参る。（十月十五日）

⑥その他

御樽　酒樽か。

伏見殿御参り。御たる三荷《か》、三色持たせらるる（正月四日）

御室御参り。御たる出だせらるる。三献《さんこん》参る（正月十二日）

御銚子事《おちょうしごと》　酒宴か。

宮の御方へ女房たち、男、年年の如く御てうし事申す沙汰（正月十七日）

御小漬け　飯と汁だけの軽い食事のことか。

男たちに御前にて御こづけども賜《た》ぶ（二月三日）

あかもの（贖物）　祓《はら》えの道具。「贖《あか》う」（「あがう」とも）は、罪の償《つぐな》いをする、あがなう。

賀茂の沙汰人、あか物参らする（十月二十五日）

お静まり　就寝

今日は御むつかしくて御しづまりあり（十一月四日）

御中　飯。『大上臈御名之事』に「いひ（飯）御だいぐご。おなか。」とあった。食卓の中央に飯を置き、周囲に副食物を置いたことによる。

中院より御なか参る（十二月二日）

なお、『海人藻屑』ではスイハとしていた「椙原紙」を、この本では「今日の御ひつじに大すもじよりすぎはら十帖参る」（文明九年正月二十日）、「御布施にすぎはら十帖、御香炉遣はさるる」（同五月二十七日）などと略さずにスギハラと言っている。

○日葡辞書

一六〇三、四年にイエズス会が日本語をポルトガル語で説明した、いわゆる『日葡辞書』を出版した。

『日葡辞書』は日本語をポルトガル語で表記してあるので、その時代の発音を知ることができる。一例として、当時はオ・ヲはどちらもwo（ウオ）と発音したので、uo、voと書いてあり、カタカナにするならヲになる。ここではローマ字をカタカナで表記して、これをオ・ヲに分けるなど読みやすくするように心掛けた。Vôgi（祖父）は原文に近く記せばヲーヂだが、オオヂ（歴史仮名はオホヂ）とするなどの処理をした。

『日葡辞書』には、説明の中に、Palaura de molheres（女性たちの言葉）などと記してある語が百二十二ある。その中には（訳は土井・森田・長南『邦訳日葡辞書』による）

オオヂ（祖父）祖父。オオヂゴ（祖父御）祖父様。婦人や子どもの言葉。（源氏物語などに例がある。）

カエリコト（返事）手紙の返事。これは婦人語である。（源氏物語などに例がある）

コウカ（後架）ノチノ　タナ（後のたな）すなわち、ショウベンジョ（小便所）小便をする便所。婦人語。（正法眼蔵などに例がある）

シジ（指似）子どもの陰茎。婦人語。（鎌倉時代の語源辞書『名語記《みょうごき》』などに例がある）

チチゴ（父御）父。婦人語。（宝物集などに例がある）

など、女房言葉が起源ではあるまいと思われる語も無いではない。

この「婦人語」は、御所などの女性だけの語なのか、一般にも流れ出して行われていたのか分からないが、後に引くササノミに「卑俗な婦人の言葉」とあるから、それ以外は上品な婦人の用語ということかもしれない。

半数以上が飲食物であることはこれまでと同じだ。

飲食物の中で、今日でも用いている語、興味を持てる語をあげる。

○今日でも用いている語

オカズ（お数）　サイ（菜）に同じ。料理。これは婦人語である。

オマワリ（お回り）、またはオカズ（お数）　婦人語。いろいろの料理、または、豊富な食物。副食物をオカズと言うのは、滝沢馬琴の考証随筆『燕石雑志』（四）に、「合はせ物をおかずといふは、数々並べ居《す》ゆればならん。」とあるのが正しかろう。オマワリは主食を取り巻く物の意。

オツケ（御付）　飯にそえて食べるシル。すなわち、スープ。婦人語。

今では味噌汁をオツケ、オミオツケと言う。『守貞謾稿』（食類）に、京阪では澄ましも味噌汁もツユと言う、江戸でツユというのは澄ましで、味噌汁はオミオツケと言う、京阪ではオツケとだけは言うことがある、と記している。味噌汁になったのは江戸後期のようだ。

語源は太田全斎の辞書『俚言集覧』に、「飯に附けて用ゐるによりておつけといふことなり」とするのが正しいか。

谷川士清《ことすが》の辞書『倭訓栞《わくんのしおり》後編』には、

　おつけ　俗語也。もと麺類などのつけ汁をいふ詞なるを、今は凡《すべ》ての汁をいふ詞とす。

としている。ツケは付け汁だというのだ。

　オヒヤシ（お冷し）　冷たい水。婦人が自分の主君なり、そのほか尊敬すべき人なりについて話す場合に用いる語。

最初に記したオヒヤシは、これによれば、敬意を持って用いる語だったようだ。

　カカ　カツヲに同じ。鰹。これは婦人語である。

カツオのカを繰り返した語。泉鏡花が自作の小説『婦系図《おんなけいず》』の一部を戯曲にした『湯島の境内』に、

　朝、目を覚《さま》せば俺より前に、台所でおかかを掻く音、夜寝る時は俺よりあとに、あかりの下で針仕事。

とあるように、今日では鰹節、特に削った鰹節をオカカと言う。

カブ（蕪）　かぶらの根、または、かぶら。これは婦人語である。カブラと言う方がまさる。

今はカブが普通で、カブラは改まった、あるいは少し古めかしい語になっているが、カブラは『倭名類聚抄』に見えるなど平安時代からの語で、カブは下のラを略した女房言葉なのだ。当時はカブラを正しいとしていたことが分かる。

コトノバラ（小殿原）　日に干した小鰯。これは婦人語である。

「正月言葉」に記した正月に用いるゴマメのことだ。小さい物が多くあるので言うのだろう。次の『女重宝記』（一）にも「ごまめは　ことのばら」とある。

デン（田）　豆を碾《ひ》き砕いて生チーズのようにつくり、これを切身のように切って、ミソ（味噌）を塗り、竹の串にさして炙ったもの。これは婦人語である。

トウフという語を用いないから、持って回ったような説明になっているが、豆腐を薄く切って味噌を付けて焼いたデンガクだ。『日葡辞書』のデンガク（田楽）には、

田楽（玉石雑誌・八）

舞を舞うバウズ（坊主）。またミソ（味噌）をつけ、串に刺して炙ったタウフ（豆腐。正しくはトウフだがこの時代にはタウフとするものが多い。）

と、トウフと記している。

デンはデンガク（田楽）の略。田楽は、右の説明にあるとおり、初めは田植えの時に田の神を祭るために田の畔《あぜ》で笛や太鼓の伴奏で踊った田舞《たまい》が芸能になって、専門の田楽法師が生まれ、曲芸のようになったものだ。料理の名になったのは、安楽庵策伝の寛永五年（一六二八）成立の笑話本『醒睡笑』（一）に、豆腐を串に刺して炙ったのを田楽と言うのは、下に白袴《しろはかま》を着て、その上に色付きのものをうちかけ、鷺《さぎ》足《あし》（長い棒）に乗って踊る姿が、白い豆腐に味噌を塗ったのに似ているので言うか、とあるのが、十分な説明になっている。

トト　イヲ（魚）に同じ。魚。これは婦人語である。

于野浩二『子を貸し屋』(五)に、「さあ、おととが煮えたから、ねえちゃんと一しょにたべようね」とある。幼年時に聞いた子守り歌に「赤のご飯にトト添えて」という一節があった記憶がある。

語源について、入江昌喜の安永二年(一七七三)刊の『幽遠随筆』(下)に、

世俗の児語に、魚をトトといふ。これ韃靼《だったん》の語也。元朝の王美韋、我が国に来たり学文を伝へしより日本人の物を読むに、韃靼音に謬《あやま》る者多しとかや。(略)此の人来たれるより魚をトトと云ひ来たれるとぞ。

とし、別に頭注に、

或る人云ふ、芝峰類説、南人呼レ魚曰二斗々一

と記す。韃靼とは、十一―十二世紀に中国北部にいたモンゴル系の遊牧民族タタールのことだ。その言語が女房言葉になったとは考えにくいが、室町時代の辞書『節用集』の諸本(文明本・枳園本・天正十八年本・黒本本・易林本など)の多くには、

斗々《トヽ》　倭国の児女、魚を呼びて斗々と曰ふ。類説に云ふ、南朝の人、食を呼びて頭と為し、魚を以て斗と為す也(天正十八年本。原漢文)

と同じようなことが記してある。谷川士清《ことすが》の辞書『倭訓栞《わくんのしおり》』も『幽遠随筆』の頭注と同じことを記し、大槻文彦『言海』でも「韃靼語ナリトモ云」としている。後の『大言海』では、「韃靼語ナリト

モ云フ。或ハ、魚ヲヒトヒトト数フルヨリ起ルト」とした。山田美妙『日本大辞書』（明治二六）には、「語原不詳。支那デ、宋、斉、梁、陳ナドデハ魚ヲ数ヘル語ニ「斗」トイフ、是ガ転ジタモノカトイフ」と別の説をあげるが、漢字の語であることは同じだ。

民俗学研究所『綜合日本民俗語彙』では、

魚ばかりでなく、鶏、犬、猫などにもトトという言葉を使う所は各地にあるが、早く早くと催促するのがもとの意味で、疾う疾うといった時代があったことがわかる。

とする（柳田国男『野草雑記』（「野草雑記」（草の名と子供・ハコジヤ）によったと思われるが、簡潔なのでこちらを引いた）。魚を出すようにせき立てた語というのもどうかと思うが、韃靼語説よりは良いかと思う。

ハギノ　ハナ（萩の花）　中に碾《ひ》きつぶした豆の入っている、一種の小さな米の餅。

今のオハギ、ボタモチだけれど、この説明からは、大福餅のようだ。人見必大『本朝食鑑』（二）には、「母多餅《ぼたもち》は、糯《もちごめ》と粳《うるち》を用いて合わせて蒸熟して飯とし、擂盆《すりばち》の中に入れて磨《す》り、取り出して手に摸《と》って団餅とし、蒸した小豆泥を抹《まぶ》したり、炒《い》り豆の粉を抹したりして食す。一名は萩花《はぎのはな》。その形状が半泥半粒で、白い萩の花が窠《はなぶさ》になるのに似ている。蒸した赤豆泥を抹したものも紅紫の萩の花の粟になるようだ。それで名付けた」（原漢文）とあるのが今のオハギに通ずる。ハナを略したオハギは、後に引く『女重宝記』（一）に、「ぼたもちは、やわやわトモおはぎトモ」とある。

○興味を引く語

ウチマキ（打撒き） 米。婦人語。

ウチマキは、本来は祓《はら》えの時に魔よけのために米を撒き散らすことで、『源氏物語』などに例がある。それから神前に供える精米の意味にもなったのを、女房言葉で米を言うようになった。

うちまきが下がったかのと小町聞き（柳多留拾遺・四・故事）

という川柳は、雨乞いをした小野小町が、雨が降ったから旱魃《かんばつ》が止んで米が値下がりしたかと人に尋ねたというのだ。

ヲミナメシ（女郎花） すなわちアワ（粟） 粟。これは婦人語である。

オミナメシは草花のオミナエシ。粟の細かくて黄色の粒を、オミナエシの花に見立てたのだ。

カラモン（辛物）　大根。これは婦人語である。

芭蕉の句に「身にしみて大根からし秋の風」（更科紀行）とあるとおり、大根は辛いのだ。『御湯殿上日記』明応六年（一四九七）十一月六日の条に、「田中よりから物三十参る」とあり、『女重宝記』（二）に「大根は　から物」とある。

ササ　サケ（酒）に同じ。酒。これは婦人語である。

酒をササと言うのは、谷川士清の辞書『倭訓栞』などに見える、中国で酒を「竹葉《ちくよう》」と言ったのを和語にしたものという説が妥当なようだ。「竹葉」は厳密には紹興酒の三年を経たものだそうだ（『大漢和辞典』）。

別の説もある。『倭訓栞』には「又小児の詞にて、さけを重ねたるにや」とも記し、本居宣長も、「酒を佐々と云ふは（略）其《そ》は酒《サケ》の佐《サ》を重ねて云ふなり」として、鳥をトト、尿《しと》をシシ、香の物を香香と云うのと同類だ、とする（古事記伝・三二）。伊勢貞丈《さだたけ》『貞丈雑記《ていじょうざっき》』（七・酒盃の部）に、「さけをささともくこんとも云ふは、ささは三々なり。（略）酒は三三九度呑むを祝ひとする故なり」とある。民俗学研究所『綜合日本民俗語彙』は「酒のことをササ・サッサという言葉が佐渡の中部には残っている。ささというのはもう古語になっているが起りは人にすすめる時の言葉であったことは、上古の記録でも明らかである。」とする。「上古の記録」というのは、『古事記』（中、歌謡三九）の酒を勧める歌に、

少名御神《すくなみかみ》の、神寿《かむほ》き、寿き狂ほし、豊寿《とよほ》き、寿き廻《もとほ》し、献《まつ》り来《こ》し御酒《みき》ぞ。残さず飲《あ》せ。ささ

とあるのを指している。このササは囃《はや》し言葉と言う。

『御湯殿上日記』にも慶長八年（一六〇三）六月二十八日の条に「大御乳《おほおち》の人よりささ参る」とある。

落語「妾馬《めかうま》」は、八五郎の妹が大名の側室になり、世継ぎを産んで、兄を屋敷に会いに来させる噺で、中に大名と八五郎の次の会話がある。

「（略）そちは酒《ささ》はたべるか、どうじゃ」

「……へ？　せっかくだがごめんこうむりやしょう。へへへへ、馬じゃアねえからねェ、いくら食らい意地が張ったって、笹ッ葉ア食いませんや」

「いやいや、酒《ささ》と申す、酒《さけ》である」

「え？　酒……ありがてえねどうも。えゝ、酒なら浴びるんで」（圓生全集　第十巻）

ここでは大名がササという女房言葉を使っている。上品な語というつもりだろうが、安原貞室『かた言』（四）に、

酒を。九献《くこん》と言ふは、をんなこと葉のみにもあらず。をのこも言ふべし。三々九献《さんさんくこん》といふの

上略の詞なりとぞ。ささといふも男女《なんにょ》に通ずる詞と仕付かたの書に見ゆ。

とあり、これは男も使っていたのかもしれない。最初に記したオヒヤシと同じことだ。

なお、

ササノミ　サケノ　カス（酒の粕）に同じ。酒を搾った後に残る搾り滓。これは卑俗な婦人の言葉である。

という派生した語もある。ミは実か。「卑俗な婦人の言葉」というのは、女房言葉のササが流出して一般の女性がササノミという語を用いるようになったということだろうか。

ナミノ　ハナ（波の花）　シオ（塩）に同じ。塩。婦人語。

『古今集』に、

草も木も色変はれどもわたつ海の波の花にぞ秋無かりける　文屋康秀（秋下・二五〇）

とあるのは、白い波や泡を花に見立てたもの。それを踏まえて、白い塩をナミノハナと言った。

三好十郎の戯曲『樹氷』（一二）に、

ささあさあ引きとって下さい。いくら田舎者の物知らずと言っても程があるよ。鈴や、玄関はちゃんとしめて、波の花でもまいといて！

という台詞《せりふ》がある。調味料としてでなく、縁起担ぎに撒く時に言うほうが多い。

飲食物以外の物をいくつか。

・道具・衣服

オアシ（お足）　ゼニに同じ。銭。これは婦人語である。

オハグロ（お歯黒）　日本で歯を黒く染めるのに使う染料。オハグロ　スル　歯を黒く染める。婦人語。

クロモノ（黒物）　鍋。これは婦人語である。

この三語は前に記した。

オフル（お古）　古い物。たとえば、主人が召使に与える着物など。オフルヲ　クダサルル（お古を下さるる）　主人が或る着古しを与える。婦人語。

太宰治『人間失格』（第二の手記）に、

クラスで最も貧弱な肉体をして、顔も青ぶくれで、さうしてたしかに父兄のお古と思はれる袖が聖徳太子の袖みたいに長すぎる上衣を着て、学課は少しも出来ず、教練や体操はいつも見学といふ白痴に似た生徒でした。
とある。現代では婦人語ではなくなっている。

テモト（手許）　ハシ（箸）に同じ。日本人が日常物を食べるのに使う二本の小さな棒。これは婦人語である。

『徒然草』（一七一段）に「我が手許をよく見て」とあるなど、本来は手の届くあたり、身の回りの意味で、そこにある物も言い、それから箸を言うようになった。今ではオテモトの形で、料理屋などで言ったり、割り箸の袋に書いてあったりする。

メシモノ（召し物）　貴人の着物、または履物。これは、一般には婦人語である。

『宇治拾遺物語』（九六）には食物を「めしもの」と言っている例があり、必ずしも着物ではなく、本来は女房言葉ではなかったようだ。『浮世風呂』（二・下）に、「直《すぐ》にお着物《めしもの》をめさせ申しませうネ」とあり、江戸後期には、着物をオメシモノと言うようになっていた。

・人体、動作

イド（居処）　人の今居る所。（例略）、オイド（御居処）　尻や臀部の意味で、婦人が人に敬意をこめて話す時に用いる語。

御伽草子『福富長者物語』に、「盥《たらひ》に水を汲みてゐどころを浸《ひた》し」とあるように、尻をイドコロと言った（「居る」は座るの意味）。イドコロの略に丁寧のオを付けたのがオイドだ。堀季雄《ほりときかつ》の明和四年（一七六七）成立の『庄内浜荻』に江戸の女詞とあるそうだが（東条操『全国方言辞典』による）、現在は西日本で多く用いているようだ。

女房言葉と直接の関係は無いが、イドコロを題材にした笑い話が安楽庵策伝の笑話本『醒睡笑』（八）にある。

京にて傍輩《はうばい》の中間《ちゆうげん》行き合ひ、

「そちは今誰のもとに奉公をするぞ。」

「三条のお奈良屋にゐるは」

おの字を付けて言ふを憎み、

「おならやとは臭いことを言ふ」

「それならば、そちは何とて我がゐどころを問うたぞよ」

オグシ　尊敬すべき人の頭、または。頭髪。婦人語。（前出）

オナカ（御中）腹。例、オナカガ　ワルイ　下痢をする。これは婦人語である。

徳富蘆花『不如帰《ほととぎす》』（三の一）に、

「さあ、御鮓《おすし》を戴いてお腹《なか》が出来たから、今一拵《もひとかせぎ》して来ませうか、ねエ女中さん」と姥《うば》の幾《いく》は宿の女を促し立てゝ、また蕨採りにかゝりぬ。

とあり、太宰治『斜陽』（六）に、

私はそっと立って、お隣りの部屋へ行き、病身らしく蒼白く痩せたおかみさんに、お手洗ひをたづねまた帰りにその部屋をとほると、さっきの一ばんきれいで若いチエちゃんとかいふお嬢さんが、私を待ってゐたやうな恰好で立ってゐて、

「おなかが、おすきになりません？」

と親しさうに笑ひながら、尋ねた。

とあるのは、どちらも女の言葉だ。

『日本国語大辞典』に、「現代でも「腹」に比べて柔らかい語感があり、女性や幼児が使うことが多い。」とあるとおりだ。

シシ　子どもの小便。婦人語。シシヲ　スル　子どもが小便をする。

井原西鶴に、

しししし若子《わこ》の寝覚めの時雨かな（両吟一日千句）

という句がある。シシは幼児に小便をさせる時の掛け声だ。滝沢馬琴は、幼児の言葉で「尿《いばり》をしといふは、ししと言うてやればなり」（燕石雑志・四）と、掛け声が元だとする。大槻文彦『言海』は「しとヲ略シテ重ネイフ語」とする（シトも小便）。

笑福亭松鶴《しょうふくていしょかく》（五代目、明治一七―昭和二五。六代目、大正七―昭和六一）の演じたものによるという講談社版『上方落語』に載る「鴻池《こうのいけ》の犬」のサゲ（オチ）は、「お乳母さんが坊様《ぼんち》のシシやってはった。」というものだ。三代目桂米朝（大正一四―平成二七）が演ずる時には、

昔はサゲの言葉を「坊ンにししやってはった」又は「坊ンにししさせてはった」と言ったりしたのですが、しし（小便）が通じにくくなったので、「オシッコ」という言葉を使っています。

（昭和五十六年刊『米朝落語全集　第三巻』）

としていた。関西で使わなくなりつつあるという証言だ。この落語を東京に持ち込んだ八代目林屋正蔵（明治二八―昭和五七）の「大どこの犬」では、「ははは、坊ッちゃんがおしっこをするところ……」となっていて、演者が、

本来のサゲは「ぼんぼんがシシなさるところや」というのですが、シシという言葉が東京ではわからないので、仕方なく「坊ちゃんがおしっこするところ」と変えてやっています。

とコメントしている（『林屋正蔵集　下巻』）。

ミモチ（身持ち）　妊娠。カノ　ヲンナ　ミモチニ　ナッタ（彼の女身持ちになった）、または、ミモチデ　ゴザル（身持ちでござる）　あの女は妊娠している。婦人語。

別に「ミモチ　行状、または、生活のしかた。（例文略）」もある。

妊娠の意味は、天文十七年（一五四八）成立の辞書『運歩色葉集』に「子持《ミモチ》（女）」とある。室町時代からの語のようだ。

後のほうは室町時代から例が見られ、堀辰雄『菜穂子』（菜穂子・一四）に、

彼はその同僚の細君が身持ちの悪いといふ以前からの噂を突然思ひ出した。

とあるように、今日でも用いている。

モノヨシ（物吉）　癩病人、あるいは、瘡《かさ》だらけの人。婦人語。婦人以外の人々の間でも、特にシャウグワチ（正月）の時分などには用いられる。ほかの地方では、ハクヨシと言う。

ハンセン病を言うのは、逆にめでたい語にしたのだろう。文明七年（一四七五）ころ成立の『成簣堂本論語抄』（三・雍也）に「アクシツ（悪疾）トハ日本ノモノヨシト云フカサ（瘡）イデキタリ」とある。後半の正月のことは、黒川道祐の年中行事書（貞享二年〈一六八五〉序）『日次紀事《ひなみきじ》』の正月の記事に、「又、盲人・盲女・猿牽《さるひき》・西の宮の傀儡《でくる》の棚舞《たなまはし》、幷《なら》びに癩人自ら物吉と称す、各《おのおの》冠婚の門に聚《あつ》まり米銭を乞ふ」（原漢文）とあり、十二月にも「此の月尾、癩人自ら物吉と称し、戸々を遍歴して米銭を乞ふ」とある。

女房言葉の代表のような文字言葉は、飲食物の中では、クモジ（茎漬け）、コモジ（小麦）、ニモジ（大蒜《にんにく》）、ムモジ（大麦と小麦）だけで、『大上﨟御名之事』よりも少なく、共通するのはクモジだけだ。食物以外の物に、ネモンジ（練り絹）がある。これは珍しくモンジになっている。

その他に、

ヒモジ（ひ文字）　空腹である。これは婦人語である。

がある。空腹を表す語は、『古今著聞集』（一二・四四〇）に「この一両日、食物《じきもつ》絶えて、せんなく（どうしようもなく）ひだるく候ふままに」とあるように、ヒダルイだった。『日葡辞書』にも「ヒダルイ　空腹である」とある。わたくしは使わないが、現在でも用いている地方もあるようだ。

夏目漱石『吾輩は猫である』（一）に、

いや是は駄目だと思ったから眼をねぶって運を天に任せて居た。しかしひもじいのと寒いのにはどうしても我慢が出来ん。

とあるように、現在は空腹であることをヒモジイと言う。これはヒモジを形容詞として活用させたものだ。室町時代にヒモジサの例があるから、すでに形容詞か形容動詞になっていたことになる。他の〇モジという語と違って、元になるヒダルイが状態を表す形容詞なので、ヒモジも活用させるようになったのだ。

同様な語に、

キャモジナ（華文字な）　または　キャシャ（華奢）　つややかで、こざっぱりして、はなやいだ（こと）。これは婦人語である。

がある。キャシャは女官が口にするのを憚るような語ではないから、キャモジと言い換える理由は分からない。やはり状態を言う語だから、キャモジナと形容動詞の活用をさせたのだ。

女房言葉はたいていの語は名詞だが、右の二語は形容詞、形容動詞だ。『日葡辞書』の婦人語には、他に動詞、形容詞、形容動詞、副詞もある。

スマシ、ス（澄まし、す）　澄ませる。（略）また、洗う。婦人語。例、カミヲ　スマス（髪を洗ます）

頭、あるいは、頭髪を洗う。

洗ってきれいにするので「澄ます」なのだが、『源氏物語』（若菜・下）に、「女君は暑くむつかし（気分が悪い）とて、御髪《みぐし》すまして、少し爽やかにもてなしたまへり」とあるなど、平安時代から用いている。

タビ、ブ（賜び、ぶ）　身分の高い人が下の者に与える。文章語。時としては婦人がこの動詞を命令法に用いる。例、コチ　タバイ（こち賜ばい）　こっちへください。

命令法というのがよく分からないが、「下さい」ということなら、『竹取物語』に「娘を我にたべ」とあるなど、平安時代から例がある。女房言葉とは言えないが、室町時代には女性の用いる語だったのか。

ハヤシ、ス、ヤイタ（生やし、す、やいた）　切る、または、切り分ける。婦人語。

「切る」を避けて逆に言った忌み言葉だ。『保元物語（金刀比羅本）』（下）に、（崇徳上皇は）その後は御髪《みぐし》も召されず（お剃りにならず。）、御爪をもはやさせたまはず、生き

　ながら天狗の姿にならせたまふぞ浅ましき。
とあるなど、女房言葉ではないが、この時代には女性が用いる語だったのだろう。

オヒン、または、オヒル　貴人が眠りから目をさますとか、起き上がるとかすること。例、イザ　オヒン　アレ、または、ナサレイ。あなたさま。さあお起きあそばせ、など。婦人語。

オヒン、オヒルだけでは動詞ではないが、例文のオヒンアルで動詞になる。

狂言『子盗人』（和泉流『狂言六義』による）に、

　女一人、子を抱いて出て、扨《さて》も扨も、ちっとお静まるかと思へば、そのままおひるなるところで、まことに妾《わらは》が少しの縫ひ針もならぬ。

とある、オヒルナル（御昼成る）が本来の語形で、目覚める、起きるの尊敬語だ。俳人の安原貞室が慶安三年（一六五〇）に出した言葉の訛りを論じた『かた言《こと》』（三）に、

　およれぞ、おひなれぞと言ふは、女言葉に優しと言へり。おひなれはお昼なれといふ心か。それをおひんなれとはいかが。

とあるように、オヒナル、オヒンナルとも言った（オヨルは「お夜」で、寝る、眠るの意）。

享保十二年（一七二七）に箕田憙貞《みたきてい》の著した語源辞書『志不可起』に、

およる　おひなる　天子ノ御寝殿へ入ラセタマフヲ、よんのおとどへ入らせたまふト云フ。常ノ御殿へ出御ナルヲ、ひのおましへならせたまふト云フ。ソレニ准《なぞら》ヘテ常人ニ如右云《みぎのごとく》フカ。としている。

ムツカリ、ル、ッタ　泣く。婦人語。ただし、貴人の子どもについて言う場合には、男の人もまたこの語を用いる。

幼児が不機嫌で泣く意味の例は、『平家物語』（八・山門御幸）に「三の宮の五歳にならせたまふを（略）大きにむつからせたまふ間」とあるなど、鎌倉時代から見られる。

ヨソイ、ウ、ゥタ（装い、ぅ、ぅた）　飯を鉢やゴキ（御器）につぐ。婦人語。

「装う」には、準備する、整えるなどの意味もあり、飲食物を用意する、飲食物を器に盛るの意味では、『宇津保物語』（蔵開・上）に、「『まづこの粥啜《かゆすす》りてむ』とて、添へたる坏《つき》どもによそひて、皆参る」とあるなど、平安時代から例がある。

ヨロコビ、ブ、ゥダ（喜び、ぶ、ぅだ）　また、コヲ　ヨロコブ（子を喜ぶ）。または、ヨロコ

ビヲ　スル（喜びをする）　出産する。これはカミ（上、近畿地方）の婦人の言い方である。出産するの意味の例としてはこれが最古か。井原西鶴『本朝桜蔭比事』（一・七）に、

> お恥づかしながら、これなる母親は、もと父の召し使ひの者なりしが、懐胎して兄をよろこびしより、諸親類取り持ち、本妻に直されて後、

とある。

イシイ　うまい、あるいは、味のよい（もの）。この意味では、婦人が用いるのが普通である。また、比喩。イシウ、または、イシク　マウス　ある事を、うまい言回しで、あるいは、皆の気に入るように言う。

『女重宝記』（二）にも、「むまいといふを　いしい」とある。現在ではオを付けてオイシイと言っている。オイシイは江戸中期ころから例が見られる。

『日葡辞書』の記述の後半は、『平家物語』（九・三草合戦）に「いしう申させ給ふ田代殿（たしろどの）かな」、『弁内侍日記』に「鞠はいしい物かな。あれほど左衛門督《さゑもんのかみ》を走らせることよ」など、立派だ、好ましいなどの意味があることを言ったものだ。それを美味だの意味で用いるのが女房言葉なのだ。

ツキナイ（付き無い）　そぐわなくて、不都合な（こと）。これは婦人語である。

ツキナイには、①手掛かりが無い、②ふさわしくないなどの意味と、この③気に入らない、不都合だ、不愉快だの意味がある。どの意味でも平安時代から例がある。


ユメガマシイ（夢がましい）　夢のようにわずかで短い（もの）。これは婦人語である。

『発心集』（二）に、「一日の御家づと（おみやげ）、ゆめがましく見えはべりしかば、重ねて奉るなり」とあるなど、鎌倉初期から見える。


ユメユメシイ（夢夢しい）　少しの（もの）。婦人語。

ユメユメシク（夢夢しく）　副詞。少し。婦人語。

この語も鎌倉時代の例がある。


ナカダカナ（中高な）　まん中が高い（もの）。ナカダカナ　カオ（中高な顔）　女性の間で、鼻が高く、人並以上に隆起している顔の意に解される。

「中高」を顔について用いるのが女房言葉なのか。

マメヤカニ　念を入れて注意深く。一般に婦人の用いる語。

この語の前に、

マメヤカナ　忠実できびきびした（人）　マメヤカナ　フミ（文）　念入りにこまごまと書かれた手紙。

がある。マメヤカは平安時代から例が見られ、ここに婦人語とする理由が分からない。

チボチボ　副詞　とばしりが飛び散るとか、細かな雨などが降るとかするさま。また、芽ぐんだり、小さな水泡や発疹ができたりするさま。チボチボ　シタコト　僅かなこと、または、小さなこと。婦人語。

チボチボという語は室町時代から例が見られる。女房言葉が始まりだったのかもしれない。

なお、イエズス会の宣教師のジョアン・ロドリゲス Ioão Rodriguez の『日本大文典』（一六〇四—〇八、長崎刊）の「女子の消息について」の章に、

○女子の方から男子へ贈る消息には（略）又語頭の綴字を切取ってそれにMonji（文字）といふ綴字を添へたものは、元の語の意味を表すのであって、それが使はれる。例へば、Fumonji（ふ文字）はFumi（文）を意味し、Somonji（そ文字）はSonata（そなた）を意味し、Pamonji（ぱ文字）はPadre（ぱあでれ）を意味する。（土井忠生訳）

とある。モジでなくモンジになっている。キリシタンの用語のPadre（神父）をも「ぱ文字」と言っていることが珍しい。その後に、

○以上の外にも特殊な語が多くあって、女同志の間とか男子との間とかだけで使はれる。例へば、Saque（酒）の意のCucon（九献）、Midzu（水）の意のFiyaxi（ひやし）、Iuaxi（鰯）の意のMurasaqui（紫）、Mochi（餅）の意のCachin（かちん）。

とこれまでにあった四語を挙げている。ここでは女房言葉を手紙に用いるものとしている。

○女重宝記

元禄五年（一六九二）に出た艸田寸木子《そうでんすんぼくし》（苗村丈伯《なむらじょうはく》）の『女重宝記』は、教養ある女性のハンドブックとでも言うべき本だ。その一之巻に、「女ことばづかひの事　付けたり　大和詞」の章がある。

「女ことばづかひの事」の前半は、前の「女のことば・男のことば」に記した。その後半は、「女

の柔らかなる詞づかひといふは」というもので、
一　子どもを　幼いといふ
一　子どもたちを　お子たちと云ふ
から始まる。その中にいくつか女房言葉がある。
一　泣くを　おむつかる
『日葡辞書』に「ムツカリ、ル、ッタ　泣く。婦人語。」とあった。
一　寝るを　おしづまる
『御湯殿上日記』に「おしづまり」があった。
一　起きるを　おひるなる
『日葡辞書』に「オヒン、または、オヒル　貴人が眠りから目をさますとか、起き上がるとかすること。（略）婦人語」とあった。
一　髪洗ふを　御ぐしすます
『御湯殿上日記』に「御髪清し《おぐしすま》」があった。
一　昼飯を　昼ぐご
飯を供御と言うのは『海人藻屑』以下にあった。

一　壱分饅頭を　大まん
一　五厘饅頭を　小まん

饅頭をマンと言うのは『大上﨟御名之事』にあり、この『女重宝記』に別に「まんぢゅう（饅頭）は　まん（大まん　小まん）」とある。

一　旨《むま》いといふを　いしい

美味をイシイと言うことは『日葡辞書』にあった。今はオイシイと言う。

一　みやげを　おみや

これまでに記さなかったが、『御湯殿上日記』享禄四年（一五三一）四月十四日に「御みや参る」とある。語構成はミヤゲの下略にオが付いたのだから典型的な女房言葉だ。これは現代にも生きている語だ。太宰治『新樹の言葉』に、

その夜、私は、かなり酔った。しかも、意外にも悪く酔った。子守唄が、よくなかった。私は酔って唄をうたふなど、絶無のことなのであるが、その夜は、どうしたはずみか、ふと、里《さと》のおみやに何もろた、でんでん太鼓に、などと、でたらめに唄ひだして、幸吉も低くそれに和したが、それがいけなかった。

と子守り歌を引用している。

一　足を　おみあし

泉鏡花『高野聖』（一五）に、「其《それ》でおみ足をお拭きなさいまし。」とある。

一　魚《うを》は　とと

『日葡辞書』に「トト　イヲ（魚）に同じ。魚。これは婦人語である。」とあった。

一　大小に行くを　おとうに行く

『倭訓栞』に「おとう　禁裡女中の言葉に御雪隠をいふ」とある。禅宗寺院で便所を「東司（トウス）」と唐音で言う。それが一般にも広まった。オトウはその下略にオを付けたものだ。現代語のおトイレと同じ語構成だ。

この後に、「忌み言葉」のところに記した「祝言の夜忌み詞」があり、その後に、「大和詞」がある。この大和詞が女房言葉で、

大和詞（きるい・しょくもつ・あを物・ぎょるい・諸どうぐ）

という見出しで、「きるい（着類）」十二語、「しょくもつ（食物）」四十二語、「あを物（青物）」

女重宝記・一
（右上から左へ）小そで（袖）　おもじ　よる（夜）の物　かてう《かちゃう》（蚊帳）　わた（綿）　ぐご（供御）　おざっし（雑紙）　おひや（冷）　するする　こがらし（木枯）　しゃもじ　うぐひす（鶯）　九こん（献）　ぞろ　やまぶき（山吹）　たもじ　せきもり（関守）　むし（蒸）　うちまき（打ち撒き）　から（辛）物　くろ（黒）　くろ（黒）

二十五語、「ぎょるい（魚類）」十六語、「だうぐ（道具）」十三語、計百八語を掲げ、最後に、

右は御所方《ごしょがた》のことばづかひなれども、地下《ぢげ》（庶民）にも用ゆる事多し。

と記してある。

『日葡辞書』の場合もそうかもしれないが、「御所方」から出て上流の女性たちの間にも広まったと意識していたことが分かる。『女重宝記』は出版された本だから、そこに記してあるのは、広く知らせようという意図があるものだ。

この本では、食物ばかりでなく、衣類、道具にもあることを記す。

この本の全ての語を掲げても煩雑なだけだから、今も使っている語、興味を引く語を選んで掲げる。分類は原本のものによる。

［着類］（衣服）

こそで（小袖）は　ごふく（呉服）

「呉服」は、本来は中国南方の呉から伝わった織り方の布のことで、衣類・着物、あるいは絹織物の意味にも用いるが、女房言葉では小袖に限定したのだろう。

わた（綿）は　御なかといふ

蒲団や衣類の中に入れるからオナカだ。『御湯殿上日記』（文明十年九月八日）に「きく（菊）の御なか、山科より参る」とある。九月九日の菊の花に被せる綿が届いたのだ。

ゆぐ（湯具）は　ゆもじ（ゆ文字）

女の腰巻き、本来は女性が入浴の時に腰に巻いた布のことだった。今ではユグは廃れてユモジ

のほうがわずかに生き残っているようだ。田中英光『野狐《やこ》』に、

　彼女は足をすべらせ、真逆様に、前の溝《どぶ》に落ちてしまった。臭いすえた溝の中から、はでな湯文字がみえ、暗闇には薄白くみえる、桂子の両股があらわである。

とある。今は「腰巻き」の下略に「お」を付けた「お腰」のほうが行われているか。こちらは明治以後の語のようだが、女房言葉での出来方と同じだ。

この前に「おび（帯）は　おもじ」というのもある。

　はながみ（鼻紙）は　おざっし（雑紙）

『日葡辞書』に、「ザッシ、またはザシ　鼻をかんだりその他の用に使う下等の紙」とある。女性語とはしていない。粗末な紙ということだ。

　べに（紅）は　おいろ

紅は着類ではないがここに出ている。化粧品で色が鮮やかなので色と言うのか。

　水は　おひや

水も着類ではないが、ここに出ている。オヒヤシではなくなっている。

　雨ふる事は　おさがり

これも「着類」にある。正月の雨のことだ。本来は女房言葉だったのか。正月のを女房言葉で

は雨全般に拡大したのか。

〔食物〕

米は　うちまき

めし（飯）は　ぐご

みそ（味噌）は　むし

さけ（酒）は　九こん（献）

これらは前にあった。この次に、

あまさけ（甘酒）は　あま九こん

という派生した語がある。

こぬか（小糠）は　まちかね

「こぬか（来ぬか）」は「待ち兼ね」という洒落だ。

せきはん（赤飯）は　こはぐご（強供御）

まんぢゅう（饅頭）は　まん（大まん　小まん）

ちまき（粽）は　まき

これらは前にあった。

もち（餅）は　かちん

これも前にあった。これから派生したものが、

あづきもち（小豆餅）は　あか（赤）のかちん
ほらがひもち（法螺貝餅）は　ほらのかちん
あんもち（餡餅）は　あんかちん
まめ（豆）のこもち（粉餅）は　きなこかちん
よもぎもち（蓬餅）は　草のかちん
わらびもち（蕨餅）は　わらのかちん

と多数ある。

ぼたもち（牡丹餅）は　やはやはトモおはぎトモ

『日葡辞書』には「ハギノハナ」とあった。ここでは今日と同じオハギになっている。ヤワヤワは柔らかいというのだろう。

だんご（団子）は　いしいし

美味の意のイシを重ねた語。前出。

そばがいもち（蕎麦掻い餅）は　うすずみ（薄墨）

蕎麦粉を熱湯でこねた今日の蕎麦掻きか。蕎麦粉をこねて作った餅か。蕎麦粉は米の粉や小麦粉より色が黒いから薄墨だ。『大上﨟御名之事』では蕎麦の粥が薄墨だった。

むぎ（麦）は　むもじ

のり（海苔）は　のもじ

「食物」の○モジはこの二語。

あは（粟）は　をみなへし（女郎花）

粟の黄色の粒をオミナエシの花に見立てたもの。前出。

ふ（麩）のや（焼）きは　あさがほ（朝顔）

これについては安原貞室の言葉の訛りについて記す『かた言』（四）に、

女の言葉に、麩焼《ふのやき》を朝顔と言へるは、火にてあぶればしぼむによて、蕣《あさがほ》の華の日に萎《しを》るる故に名付け初《そ》めしといふ説は如何《いかが》。（略）ただ人のつくろはぬ朝《あした》の皃《かほ》のやうなといふ心なるべし。

という二説が見える。どちらが正しいか知らないが、前の説のほうが面白い。

やきめし（焼き飯）は　むすび

今日の焼き握り飯、焼き結びのこと。今は握り飯をオムスビと言う。

いれみそ（入れ味噌）は　おぢや

「入れ味噌」は味噌を入れた粥、雑炊《ぞうすい》。大槻文彦『大言海』に、

おじや（名）［じやじやハ、煮ユル音、じわじわ、じくじく］雑炊《ザフスヰ》ノ、婦人語。（東京）

とある。今はオジヤのほうが普通だ。オヂヤは新潟県小千谷地方で始まったと書いたものを見たが、元禄時代に地方の物が広まったとは考えにくい。

なめし（菜飯）は　は（葉）のぐご（供御）

飯がグゴなら菜飯は葉の供御だ。

さうめん（素麺）は　ぞろ

ひやむぎ（冷麦）は　きり

ゾロは前にあった。啜《すす》る音だろう。冷麦は『大上臈御名之事』ではツメタイゾロだった。キリは切って作るということで「切り」か。

とうふ（豆腐）は　おかべ（御壁）

『海人藻屑』では豆腐はカベだった。ここでは丁寧の「御」を付けている。

きらず　おかべのから

キラズは豆腐にした大豆の搾りかす、今はオカラと言う。ここではオカベ（豆腐）ノと限定し

ている。キラズは谷川士清《ことすが》の辞書『倭訓栞《わくんのしおり》』に「豆腐のからをいふ。切らずして用に立つ也」とあるのが妥当だろう。

落語「鹿政談」は、奈良の豆腐屋の六兵衛が誤って鹿を殺して、死刑になるところを、奉行の計らいで無罪にしてもらう話だ。サゲ（オチ）は、

奉「そのほうは豆腐屋じゃな。きらずにやるぞ」

六「はい。……まめで帰ります。」（米朝落語全集　第三巻）

というものだ。演者の桂米朝が「今日では関西でもきらずは死語になってしまいました。」と述べている。

こんにゃく（蒟蒻）は　にゃく

上を略した。

でんがく（田楽）は　おでん

『日葡辞書』ではデンだった。丁寧の「御」が付いて、今と同じになっている。

あづき（小豆）は　あか（赤）

前にあった。

まめ（豆）のこ（粉）は　きなこ

今もキナコと言っている。「黄な粉」ということだ。

しゃうゆ（醤油）は　おしたし

オシタヂ（御下地）で、本来は、煮物や吸い物に使う、だしに醤油で味付けした液のことだった。

種田山頭火『其中日記』の昭和七年十月十一日の条に、

塩で食べてゐたが、辛子漬も菜漬もおしたじがないとうまくないので（といふのも私にはゼイタクだが）、財布をはたいてみたら、一銭銅貨が四つあった、そこで小さな罎を探しだして醤油買に出かける、

と、オシタジと醤油が同じであることを書いた箇所がある。

泉鏡花『廓そだち』には、

今のおしたぢを、むらさき、ほん五分《ごぶ》に生二などと来て、いゝゝ、しんこと聞くと悚然《ぞっ》とする。（略）而《そ》して、おしたぢならおしたぢ、葱《ねぎ》なら葱《ねぎ》、三つ葉なら三つ葉でよからうと言って居る。

と、オシタヂをムラサキと言うことが見える。醤油の色が紫であることによるのだから、女房言葉と同じ発想だが、ムラサキは明治以後に料理店などで使い始めた語のようだ。

［青物］

「青物」も次の「魚類」も食物だが、別になっている。
「青物」自体が『大上﨟御名之事』にあったとおり女房言葉だ。

なすび（茄子）は　なす

今ではこの女房言葉のナスが一般的だ。

ほしな（干し菜）は　ひば（干葉）

わたくしは陰干しにした大根の葉をヒバと言っている。「上置《うはお》きの干し葉刻むも上の空（野坡）」（炭俵）はホシバだが、食用にしたことが分かる。式亭三馬『浮世床』（初下）に、「ナアニ腰湯を使ふから干葉《ひば》の古いのを買ってくれとぬかす」とあるように、よく温まると言って風呂に入れることもあった。『日葡辞書』には「ホシナ　干した菜」とある。

大こん（根）は　から（辛）物（前出）

『御湯殿上日記』明応六年（一四九七）十一月六日の条に、「田中よりから物三十参る」とあり、『日葡辞書』には「カラモン　大根。これは婦人語である」とあった。

ごばう（牛蒡）は　ごん

下略の語。青物では、

つくづくし（土筆）は　つく

竹のこ（子）は　たけ

もある。

な（菜）は　おは（御葉）

気取ってオハと言ったのをわたくしも聞いたことがある。『柳多留拾遺』（二）の、

御葉と言ふ面《つら》かと下女を店で言ひ

は、下女が身分にふさわしくないオハという語を言ったのを、店の番頭や丁稚が批難しているのだ。

こな（小菜）にいも（芋）の汁は　柳にまり

「小菜」はつまみ菜。小菜が柳の葉に、里芋が鞠に見えるのだろう。

ほ（干）し大こん（根）によめな（嫁菜）は　山ふき

黄色の干し大根と緑の嫁菜の取り合わせが山吹に見えるのか。

［魚類］

さけ（鮭）のうを（魚）は　あかおまな

ます（鱒）のうを（魚）は　あかおまな

鮭をアカオマナと言うのは『大上﨟御名之事』にあったが、鱒も同じに言ったことになる。同

じようなものだからか。

かず（数）のこ（子）は　かずかず

下を略して重ねたものだ。同様の、

するめ（鯣）は　するする

かつを（鰹）は　かか

もある。カカは『日葡辞書』にあった。

すし（鮓）は　すもじ

たこ（蛸）は　たもじ

いか（烏賊）は　いもじ

えび（海老）は　えもじ

魚類の〇モジはこの四語。

［道具］

ぜに（銭）は　おあし（前出）

なべかま（鍋釜）は　くろ（黒）

『大上臈御名之事』『日葡辞書』には鍋はクロモノとあった。ここではクロだけになっている。

かんなべ（燗鍋）は　かんくろ（燗黒）

という派生語もある。

いかき（笊籬）は　せきもり（関守）

イカキはザル（笊）。物を通したり通さなかったりするので、関守に譬えた洒落だ。

れんぎ（連木）は　こがらし（木枯）

「連木」は擂《す》り粉木《こぎ》。浄瑠璃『鎌倉三代記』（七）に、「膳棚のおむし（味噌）・擂り鉢・こがらしの風にも当てぬ育ちにて」とある。擂る音が木枯しのようなのだろうか。

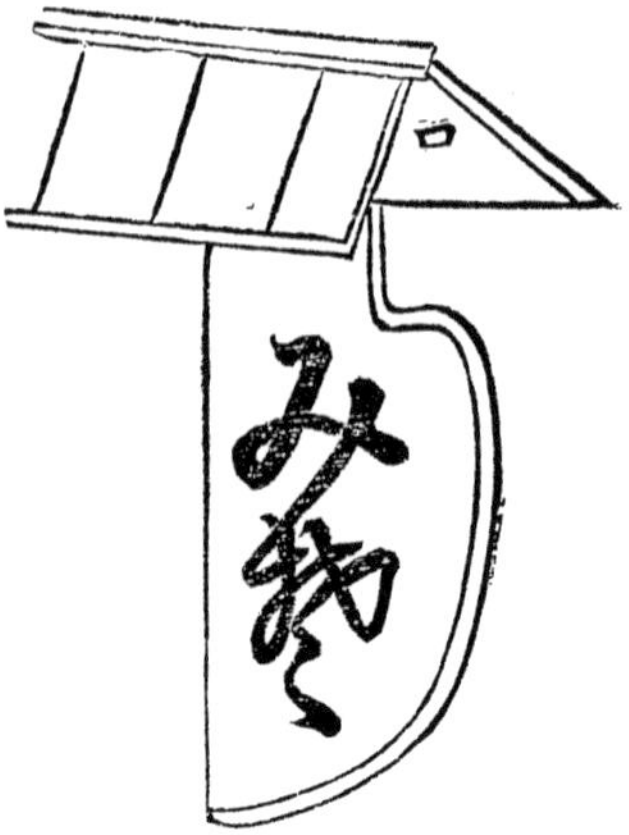

切匙の形の味噌の看板
（守貞謾稿・食類）

せっかひ（切匙）は　うぐひす（鶯）

「切匙」は味噌などを掬う杓子《しゃくし》。飯杓子を縦に半分に切ったような形のものだ。『守貞謾稿』（食類）では「また、うぐひすは形をもって号《なづ》く。女詞なり」と言い、喜多村信節《のぶよ》の『嬉遊笑覧』（一〇下）では、「せっかひをも鶯といふは、内裏はした女《め》などの言ひ出でし詞と聞こゆ」として、味噌を香《か》

と言う、切匙は主として味噌に使うので、

飽かなくに折れるばかりぞ梅の花香を訪ねてや鶯の鳴く　順徳院（続後拾遺集・春上・四九）

を踏まえたのだろうとする。

しゃくし（杓子）は　しゃもじ

今日ではシャモジのほうが普通だろう。

哥《うた》かるたは　ついまつ（続松）

「続松」は松明《たいまつ》。『嬉遊笑覧』（四）に、『伊勢物語』（六九段）に伊勢神宮の斎宮の歌の上の句に在原業平が続松の炭で下の句を書いたとあることから、和歌の上の句と下の句とを合わせる遊びの歌カルタを言うようになった、と言う。土肥経平の随筆『春湊浪話』（三）には、歌の本に末を対するということから、対末（ツイマツと読むか）の歌かるたと言うこともあるとする。

○浮世風呂

式亭三馬の『浮世風呂』（三・下）に、武家屋敷から宿下がりをしている「おさめ」、その使用人の「お初」、隣の家の娘の三人の会話がある。

初　「ホンニまことに感心だネエ。私どもは百《ひとすぢ》（銭さしにつないだ百の一文銭）で調《ととの》へた米《うちまき》を

一度にいただいても、此の真似《まね》は出来ません

むす　「オヤ廻りくどい事をお云ひだなう。百が米《こめ》を一時《いちどき》に給《た》べてもとお云ひな

（略）

むす　「私は名代のおてんばだものを。ハイおちゃっぴいとおてんばをネ、ひとりで脊《し》負《よ》ってをります。夫《それ》だからね感心なおしゃもじだよ

おさめ　「オヤオヤおしゃもじとは杓子《しゃくし》の事でございますよオホホホホ

むす　「おさめさん、ほんにかえ。私は又おしゃべりの事かと思ひました。鮓《すし》をすもじ、肴《さかな》をさもじとお云ひだから、おしゃべりもおしゃもじでよいがネエ

とあり、その後で武家屋敷の風習を語り合う中に、

初　「中白《ちうじろ》とは四方《よも》（店の名）の味噌《おむし》でございますよ

ともあり、さらに、

むす　「此《この》湯もじがあんまり熱《あつ》もじだから、つい焼痕《やけど》もじ

初　「アレ又冗談をおっしゃるよオホホホホホ（と二人大笑ひに笑ふ）

初　「チット水《おひや》をうめませうか

むす　「それはお憚《はば》もじだネ

おさめ　「いかなや（いくらなんでも）、おむすさんの洒落には感心だネ

とある。江戸後期の武家屋敷でも女房言葉（女たちは「大和詞」と言っている）を用いていたこと、それを普通の娘でも何となく知っていたことが分かる。作者は「むす」にわざと誤った使い方をさせている。オヒヤを飲料水でなくても用いている。

この本には、一部を先に引いたが、

「此間ネ、あまりいやしい題でござりますが、おかちんをあべ川にいたして、さる所でいただきましたから、とりあへず一首致しました。

うまじものあべ川もちはあさもよしきな粉まぶして昼食ふもよし（三下）

ともあり、餅をオカチン、大豆の粉をキナコと言うことも出ている。

それ以外にも、

おあし　孔方《おあし》の遣ひ方が荒うございます（三上）

おでん　お芋のお田《でん》（三下）

などもある。

江戸城の大奥にも特別な語を用いることがあったことを、三田村鳶魚《みたむらえんぎょ》『御殿女中』に、大岡ま

せ子という十三代将軍徳川家定の御台所の天璋院《てんしょういん》に仕えた婦人の思い出話によって、いくつかの語を記している。「おさめ」の仕える武家屋敷では古くからの女房言葉が行われていたのだろう。

○くさむすび

最後に、女房言葉を否定している田安宗武《たやすむねたけ》の『くさむすび』を紹介する。

田安宗武（正徳五〈一七一六〉―明和八〈一七七一〉）は徳川吉宗の次男。御三卿の田安家の初代。松平定信の父。荷田春満《かだのあずままろ》・賀茂真淵《かものまぶち》に師事した国学、有職故実の研究で知られ、歌人としても優れている。

この本は、最初に、末の世に人の言葉も卑しくなるのは世の常だろうが、女の言葉ばかり殊に浅ましいものになっている。うるわしい古い物の名も異様に言い換えなどするようだ。また漢字で言ったりあまり良くない名の付いた物を言い換えても元の名より悪いのは浅ましい、と述べて、『海人藻屑』にあるのだから、明徳・応永（一三九〇―一四二八）ころに始まったのだろう、などと述べてから、一つ一つの語についての意見を記す。おおまかに現代語に訳したが、冗長な部分や分からない部分は削り、説明の足りない所は補うなどした。

飯を供御と言う、天皇に奉るのをそう言うようだが、普通の人のに言う。たいへん恐れ多い。また全てのものを供御の物と言うのに、飯だけを言うのもどうか。

酒をササと言うのは、漢籍に竹葉《ちくよう》とか言う古語によったのか。香香《こうこう》と同類で、サケのサを重ねて言っただけだろう。

また九献《くこん》とも言う。叔孫通が定めた酒を飲む儀礼によったのか。得意げな名だ。

菜をオメグリと言うのは、飯を中心にしてそのめぐりにあるからそう言うのか。それならメグリノモノなど言えば良い。

またオカズは取るに足らないのに普通に言っている。古い物語には合わせとある。アハセモノとでも言うべきだ。こんな良い名があるのに。

菘菜《あおな》をオハと言うようだ。葉を摘んで用いる物は多いが、中心となるので言うのだろうが、ナと言うのはこの国の良い言葉で古代には歌にもあるのに、下った世に言い換えたのはまことに浅ましい。

冷水をオヒヤと言うようだ。身分の低い者は冷や水と言うので、それを元に言い出したのか。たいへん浅ましい。

小豆《あずき》をアカと言う。色が赤いので、幼児の言葉の整わない内にアカと教えたのを、成長しても言い続けたのか。いぶかしい。

掻餅《かいもちい》（ホタモチ）をヤワヤワと言う。萩餅《はぎもちい》、乱れ萩などいう遠くないがおかしげな名があるのに、賤しい女がヤワヤワと言い出したのだろう。たいへん浅ましい。

香の物をコウコウと言う。最近付けたのか。コウコウとは幼児がものを言い習う時に重ねて言うのを易しいのでコウコウと教えたのか。これもアカのように成長しても言い続けたのか。

雨をオサガリと言う。雨こそ良い名なのに。

蒟蒻をニャクと言う。上の言葉を削ったのか。外国人の言葉のようだ。

索麵《そうめん》をゾロと言う。啜《すす》り食べる音を言うのか。たいへん賤《いや》しげだ。また『海人藻屑』にはホソモノとある。これは細いのをめでたのだろう。今昔物語には麦縄とあるのがこの物のうまい名なのに。

米をウチマキと言う。神事・仏事などに散米《さんまい》ということがある。それを物語などではウチマキと言っている。これをそうではない米にも言いならわしたのだろう。撒き散らさないでそう言うべきだろうか。さて古くはコメと言ったのを、中頃からヨネとも言ったのだろう。今はどちらでも言うべきだ。

鯛をオヒラと言う。平らかな魚だからタヒラウヲというのを短くしてタヒと言うとか。さてヒラと言うのも、それが形の平らなのを指して言うのだろうから、珍しげに変えたのでもない。だからどうして穏やかにタヒとは言わないのか。あまり気に入らない。アカメなどと神代にも聞こえている。

豆腐をカベと言う。壁の色に似ているからか。壁を聞こしめすなどはたいへん浅ましく物狂おしい。またここではオの語を加えてオカベというから、カベと言うより聞き良い。でも全てオという語を上に置いて呼ぶ物が多い。オハ・オヒヤ・オツケ・オヒラなどなお多い。これらは下に仕える者が自分の主人のための物を敬って言ったのを、その主人の幼いのが人の言葉をまねて、成長しても改めなくなったのから、オの言葉までその物の名に付いたのだろう。

数の子をカズカズと言う。鰊《かど》という魚の子なのでかどの子と言うべきだが、祝ってわざと数の子というようだ。数々とは気に入らない。良い事も悪い事も数々集まることはあるだろう。

蘿蔔《おおね》（ダイコン）をカラモノと言う。オホネという語は上代の御歌にもあるか。まことに我が国の良い名であるのに、カラモノとはどうして言い換えたのか。古くは干した物をカラモノと言ったようだ。大根と書いてそのままダイコンと言うのは、十月をかみなづきと我が国では言うのを、神無月と書いてじんむげつと言うようなものだ。大根と言うのは間違いだ。牛蒡《ごぼう》をゴンと言う。賎しい男は訛ってごんぼうというようだ。それを元として言い始めたようだ。

汁をオツケと言う。飯に湯を掛けたのを湯漬けと言うから、下人などは飯に汁を掛けて常に食うから、汁というものは飯に掛ける物と思ってこう言ったのか。

餅をカチンと言う。山城（京都府）でも田舎でも臼で搗くことを、餅をかつ、米をかちてなど言う人もあるという。搗栗《かちぐり》という物もその意味の名だと言うから、搗いてするのをカチモチヒ（モチヒは餅）と言うのだろう。それをなお人は言葉の短いのを引いても（延ばしても）撥《は》ねても（ンを付けても）言うので、カチンと言い習わしたのか。

末醤《みそ》をムシと言うのはまことに不満だ。下部《しもべ》の者に尋ねたら、この物は蒸して作るので、その意味かと申した。それならこれもあやしい者が言い始めたのだろう。

塩をシロモノと言っている。上代から田舎者でも耳慣れているはずなのに、どんなむくつけき者がシロモノと言い換えたのだろう。

鍋をクロモノと言う。『万葉集』『伊勢物語』に鍋とあるからたいへん古い時から聞こえた名だ。また人が焼いたら黒くなるだろうと言う。利口ぶって、釜をさしおいて一つだけなのか。蕨《わらび》をワラ、つくづくしをツクなど、この類が多い。わらびと歌にも詠まれているようだし、つくづくしも名が面白いのを、訳も無くツクと約した気持ちは不愉快だ。

松茸をマツと言うのも浅ましい。茸《たけ》の中では代表的な物だから、一つだけ茸と言えるだろう。榧《かや》の実、栗の実なども皆かや・くりと言うから、松の実こそは松と祝うべきで、その松の実は干菓子《ひがし》の中でもわざと御賀には特別に用いられるのか。でも最近の下部《しもべ》などはある物と知らないのが多い。

文字を付けて呼ぶのがある。鯉をコモジ、鮒をフモジの類が多い。これはもしや延政門院が幼かった時に、恋しく思し召すということを隠して、「二つ文字牛の角文字直ぐな文字ゆがみ文字とぞ君はおぼゆる」と詠まれた御歌から、誤解して、ただ隠して言うには文字と言うと思ったのか。あの御歌は「こ」の字を二つ文字、「い」の字を牛の角文字などと、字の形をおっしゃったのだ。鯉をコモジ、鮒をフモジなどは、その言葉の頭《かしら》の一言にモジを付けて言うのはまことに理由の無いことだ。

葱《ねぎ》をヒトモジと言う。これは前に書いた文字を添えて言う類ではなく、ねぎ・わけぎ・あさつきなど皆「き」という一文字を言うからか。そうならわけぎ・あさつきは除いて、この物だけに限って言うのはどういうことか。

鰯《いわし》をムラサキ・オムラ・オホソなど言う。ムラサキとはこの魚が海に集まっているところは紫色に見えるらしい。海岸の人が言うのをいつも聞いたと人が言った。また塩をしたのが紫めいているので言うのか。オムラはオは例の「御」の意味で、ムラはむらさきの片端を言ったのだろう。オホソはその魚の形を言ったのか。まことにいわしという名はこの国の良い名で、天皇の御食事にも差し上げる物か。

紅をオイロと言う。『平家物語』にある「色」は鈍色《にびいろ》（濃い鼠色）のことだろう。鈍色は喪服の色なので、ニビイロと言うのも忌まわしいので「色」とだけ言ったのだろう。今も田舎人は喪の衣をイロとだけ言うと言う。だから今紅をイロと言うことは浅ましく忌まわしいことだ。

言っていることはいちいち御尤《ごもっと》もと言うしかないが、隠語というものは、他人には分からないように用いる言葉だから、元の言葉とは違っていなければ意味が無くなってしまう。

六…郭言葉

おいらんにさう言ひんすよ過ぎんすよ酔ひなんしたらただ置きんせん　早鞆和布刈《はやとものめかり》（万載狂歌集・恋一・四四六）

作者は盲目の大学者塙保己一《はなわほきいち》。江戸の吉原遊郭の禿《かむろ》（遊女に付属する見習いの少女）の言葉で一首をまとめている。

○遊郭

「くるわ（郭・廓）」とは、ある地域を限定する囲いのことで、城や砦《とりで》の周囲に石や土で築いた防壁を言ったが、江戸時代になると、周囲を囲った遊女屋の集まっている地域を言うようになった。漢字「郭・廓」に遊里の意味は無く、「遊郭」とも中国では言わないようだ。

江戸時代には全国に二十五に官許の遊郭があったことが『色道大鏡』（一二）、『異本洞房語園』（一）などに見える。

その中では、井原西鶴が「人のすみかも三ケ《が》の津に極まれり」（日本永代蔵・六・五）と記すとお

り、江戸・大阪・京都が三大都市だから、遊郭も西鶴の『諸艶大鑑（好色二代男）』（一・一）に、
目前の喜見城（極楽）とは、よし原・島原・新町、この三ケの津にます女色《によしよく》のあるべきや。
とあるように、江戸の吉原、京都の島原、大阪の新町が代表的なものだった。西鶴は、「京の女郎に江戸の張りを持たせ大坂の揚屋《あげや》で会はば、この上何かあるべし」（好色一代男・六・六）とも書いている。

ここには京都、大阪、江戸の遊里の言葉を扱う。

○京都・島原

京都は昔からの都だから、古くから遊里があり、室町時代には「九条の里」という傾城町があったと言う。天正十七年（一五八九）に豊臣秀吉の許可で京極万里小路《までのこうじ》・冷泉押小路の間に二条柳町の遊里が作られた。慶長七年（一六〇二）に六条に移されて六条三筋町と呼ばれた。寛永十七年（一六四〇）に京都所司代の板倉重宗《しげむね》の命によって朱雀野新屋敷に移され、島原と呼ばれるようになった。島原と言うのは、寛永十四年に起こった島原の乱で一揆軍の立て籠もった島原城に地形が似ているからという説が一般に行われている（東海道名所記・六、浮世物語・一など）。

島原がいちばん栄えたのは元禄（一六八八―一七〇四）ころと言われ、不便な土地だったので、

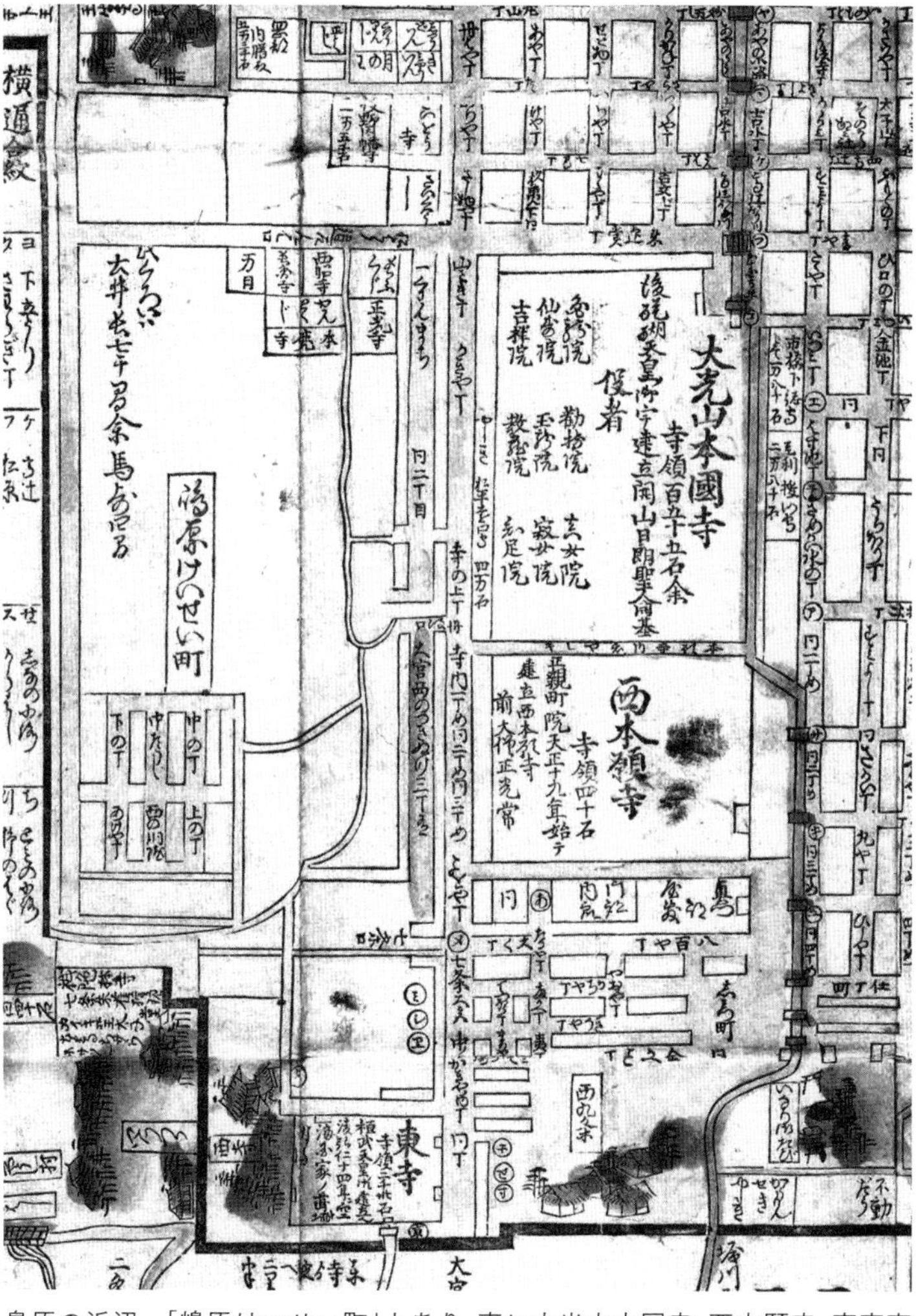

島原の近辺　「嶋原けいせい町」とあり、東に大光山本国寺、西本願寺、南南東に東寺がある（貞享三年版京大絵図）。

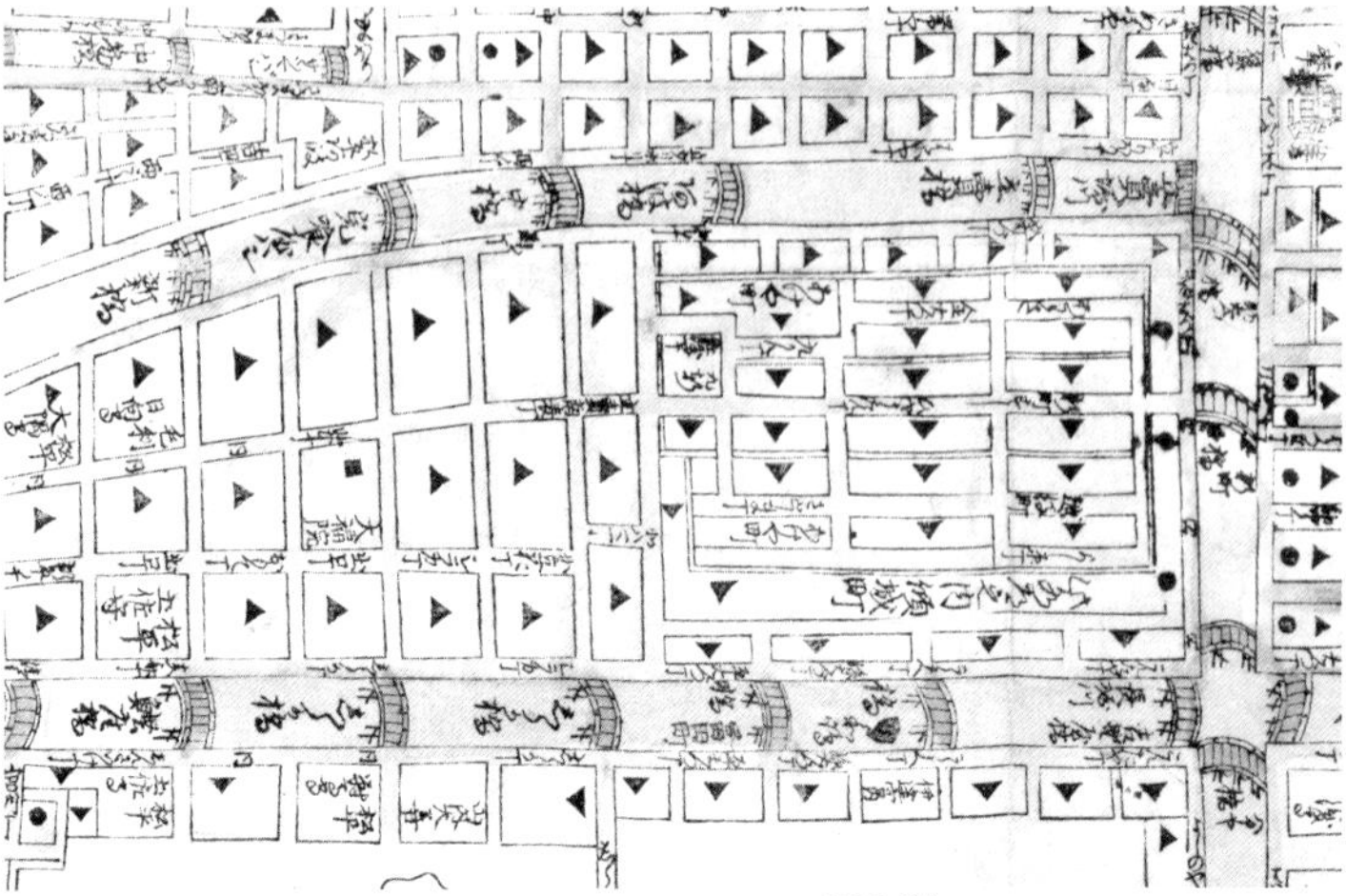

新町の近辺　「此水道之内傾城町」とある。北の立売堀《いたちぼり》川、東の西横堀川、南の長堀川は現在は埋め立てられて存在しない。西横堀川には「新町橋」がある。東南の西横堀川と長堀川の交わる所に、吉野屋橋、ハチヤ橋（もう二つには名が記してない）とあるのが「四つ橋」で、現在も地名に残る。東が上の図を北を上にした（元禄九年新撰増補大阪大絵図）。

以後は島原の支配下の出稼ぎ地となっていた祇園や北野などの非公認の花街に押されて衰退した。享和二年（一八〇二）に訪れた滝沢馬琴は旅行記『羇旅漫録《きりょまんろく》』（中）に、

島原の廓、今は大いに衰へて、曲《くる》輪《わ》の土塀なども崩れ倒れ、揚屋町の外は家も巷《ちまた》も甚だ汚し。太夫の顔色万事祇園には劣れり。

と述べている。

○大阪・新町

大阪の新町遊郭は大阪市西区新町一—二丁目にあった。『色道大鏡』（一三）に、大阪の遊郭は慶長年中（一五九六

一六一四）までは伏見呉服町（大阪市東区伏見町）にあり、その後道頓堀に移り、寛永八年（一六三一）に今の新町に移った。新町と言うのは、元は葭《よし》の原で人家が無かったが、ここを賜った者が土地を整備して町にしたことからだ、とある。別の説もあり、宝暦七年（一七五七）刊の『澪標《みおつくし》』には、寛永年中に散在していた遊女屋を集めて木村亦次郎と言う浪人者を庄屋年寄に任じたとある。

明治二年に松島遊郭（大阪市西区）が出来、明治二十三年に火災があって郭の大部分が焼失したので、新町は次第に商業地になって行った。

○江戸・吉原

江戸幕府は、元和三年（一六一七）に、それまで市中の各地に散在していた遊女屋をまとめて葺屋町《ふきやちょう》（東京都中央区日本橋人形町付近）に傾城町を作ることを庄司甚右衛門に許可し、翌四年に開業した。そこは葭《よし》（蘆《あし》）の生えた湿地を埋め立てたので葭原と言ったが、めでたい字に改めて吉原と書くようになった。江戸の町が発展すると、吉原は市街地の中心になってきたので、明暦二年（一六五六）十月に、町奉行から本所か浅草日本堤への移転を命ぜられた。翌三年正月の火災（明暦の大火）で吉原も類焼したので、同年六月に日本堤（東京都台東区千束《せんぞく》四丁目）に移転して営業を始め、八月上旬に普請も完成した（異本洞房語園・一、二）。以後はこちらを「新吉原」、略

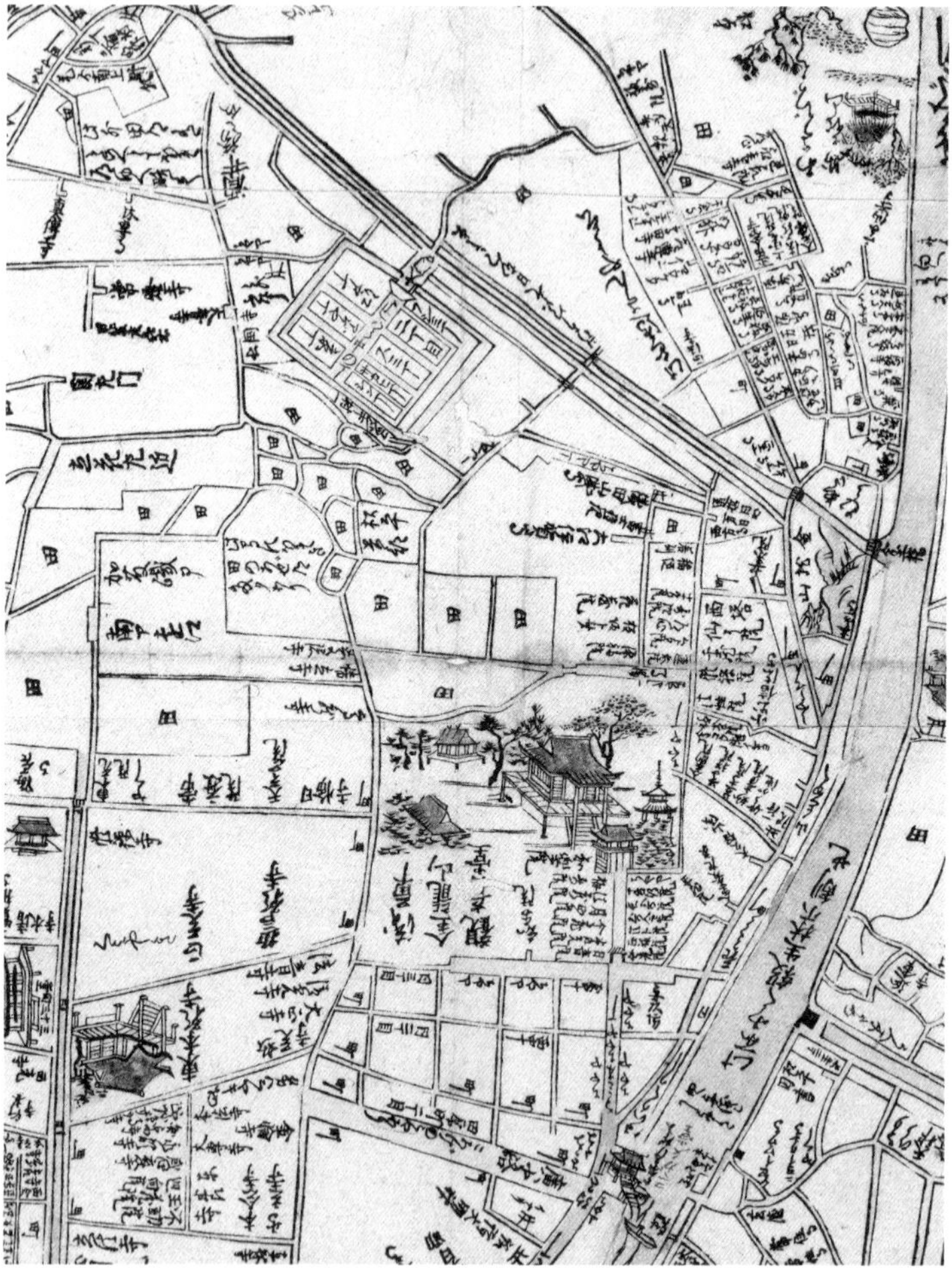

吉原の近辺　郭の入り口に「大門」とあり、中央の道に「よしはら中の丁」、周囲に「江戸丁」「アゲや丁」「京丁」「フシミ丁」「二丁目」「スミ丁」「サカヒ丁」「シン丁」と町の名が記してある。南に「浅草金龍山観音堂』、その東の隅田川には「此所にて殺生禁断也」とある（貞享四年ゑ入江戸大江図）。

して「吉原」と呼ぶようになり、日本橋のほうは「元吉原」と言うようになった。

街道の宿場では、客を接待する女を雇うことが認められ、それが売春することがあった。江戸からの五街道の最初の宿場の品川（東海道。東京都品川区）、内藤新宿（甲州街道。東京都新宿区新宿一丁目―三丁目）、板橋（中山道。東京都板橋区本町、仲宿、板橋）、千住《せんじゅ》（日光街道、奥州街道。東京都足立区千住、荒川区南千住）、それに深川（東京都江東区深川）などが非公認の遊里（岡場所と言う）だった。

○遊里語

特別な隔離された社会である遊郭にはそこだけでの専門語が数多くある。郭言葉《くるわことば》と言う。郭をサトとも言うこともあるので、里言葉とも言う。藤本箕山《ふじもときざん》の大部の遊郭百科全書『色道大鏡』（元禄初年〈一六八八―〉成立）の「巻第一　名目鈔」には、「第一　人倫門」として「傾城」以下五十八語、「第二　家屋門」に「女郎屋」以下十一語、「第三　時節門」に「正月買」以下十一語、「第四　器財門」に「挙屋紙《あげやがみ》」以下三語、「第五　態芸門」に「在郭」以下八十九語、「第六　言辞門」に「意気」以下四十語を掲げて解説してある。そこには、

太夫職　傾国において最も重んずべき職なり。…

大臣　傾城買の上客をさして言ふ。…

それしゃ　其者《それしゃ》也。当道によく馴《な》れて事を知りたる者の事也。巧者といふ心にひとし。

粋《すい》　当道の巧者を言ふ。…

瓦智《ぐわち》　当道不堪《ふかん》の者を言ふ。…

真夫《まぶ》　…表向きの買手にあらずして密通する男を言ふ。…

新艘《しんざう》　禿《かぶろ》なるも禿ならざるも、傾城となりて初めて出世したる砌《みぎり》を言ふ。船を新しく造り立てたる詞より出でたり。

など、遊郭専門語がほとんどだが、中には、

阿房　戯《うつ》けたる人をさして言ふ…

など、普通の語も含む（以上人倫門）。

江戸後期の本では、文化四年（一八〇七）に並木五瓶《なみきごへい》が著した『誹諧通言』が、人倫、神釈、無常、衣類、器財、居所地名、座舗興《ざしきのきょう》、書体《しょてい》、時刻、言語《げんぎょ》、年中行事、廓名物《くるわのめいぶつ》、諸国花街《しょこくくるわ》に分類して、各地の遊里の言葉を解説している。

遊里での専門語は極めて多いので、ここでは「女のことば」ということで、主として遊女の話す一般社会とは違う特別なことばを取り上げる。

なぜ特殊なことばが生まれたのか。石原徒流『洞房語園異本校異』(一)に、ある老人の言うには、江戸吉原の里詞は、どんな遠国から来た女でも、この言葉を使う時は田舎の訛りが抜けて、もとから居た遊女も同じことに聞こえる、この意味を考えて見習わせたことだそうだ、とある。花笠文魚の安政三年(一八五六)刊『花街百人一首』には、

里言葉とて、おす、ざんすの訛りを使はせしは、庄司甚右衛門が工夫なりと言ひ伝へたり。物言ひ悪《あ》しき片田舎者たりとも、里訛りにて言へば、よその人々には聞き分け難《がた》きことなきためなりと言ふ。(宮武外骨『アリンス国辞彙』による)

とあるそうだ。同じことを言っているが、吉原を始めた庄司甚右衛門の時代とするのは古すぎる。吉原の言葉については後に述べる。

さと言葉習ふも抜くも一苦労　竹二(柳多留・四〇)

里言葉は人工的な言葉なので、来てすぐに習うのも苦労、郭を出て普通の言葉に戻るのも苦労だというのだ。

遊女の言葉には、最初の狂歌にンスとあるように、文末の丁寧や尊敬の助動詞や動詞に特色がある。

ンス

遊女は丁寧の助動詞をマスではなくンスを使う。このンスはマスから変わった語と言う。

傾城ははねられるだけはねるなり（柳多留・一二）

ンを言うことを撥《は》ねると言う。遊女がンを多く言うことを詠んだ句だ。

吉原の遊郭を川柳では「ありんす国」と言うことがある。

日本を越すとありんす国へ出る　船汀（川傍柳・二）

日本堤（東京都台東区）を通り過ぎると「ありんす国」つまり吉原遊郭へ出るのを、日本から別の国へ行くように言った句だ。

このンスは、近松門左衛門の正徳二年（一七一二）初演の『長町女腹切』（上）では、京都の石《いし》懸《がけ》町《まち》の遊女のお花の言葉に、

ハハこりゃ旦那さんでござりんすか。内方《うちかた》にゐさんす半七殿にちょっと会ひたうござりんす。

とあり、享保六年（一七二一）初演の『女殺油地獄』（下）の新町の場面には、

どうござんすぞ、金の事は存じやせぬ。遣手《やりて》にお問ひなさりんせ。

とある。ンスは上方でも用いていた。

江戸吉原では、

動《いご》かせ申すことはなりいせん（遊子方言）

わっちといへば、びっくりしいしたよ（通言総籬《つうげんそうまがき》）

さあ謝りいすからお向きなんし（同）

のように、ンスがイスとなることもあった。

このンスは「ありんす」「言ひんす」と連用形に付いて丁寧のマスの意味だが、井原西鶴『諸艶大鑑（好色二代男）』（二・五）に、大阪新町の遊女の言葉で、

「其の銀《かね》は落としました」と言はんしたらつい済まうに、さて

と言うところがある。「言はんす」は、ンスが未然形について、尊敬の意味だ。

近松門左衛門の宝永三年（一七〇六）初演の浄瑠璃『ひぢりめん卯月紅葉《うづきのもみじ》』（中）に、大阪の古道具屋で妻が夫に「かならず短気な心持たんすな」と言う場面がある。遊郭から出て一般人も用いるようになっていたようだ。

この未然形に付く尊敬のンスは京都の島原でも用いていた。島原のことを書いた明暦元年（一六五五）刊の『難波物語』（題は「難波」だが、京都島原を扱っている）に、

花の朝《あした》には、「往《い》なんすか」の言葉を忘れかねて、

とあり、寛文五年（一六六五）ころに出た浅井了意の『浮世物語』（一）の「傾城狂ひ異見の事」の章に、

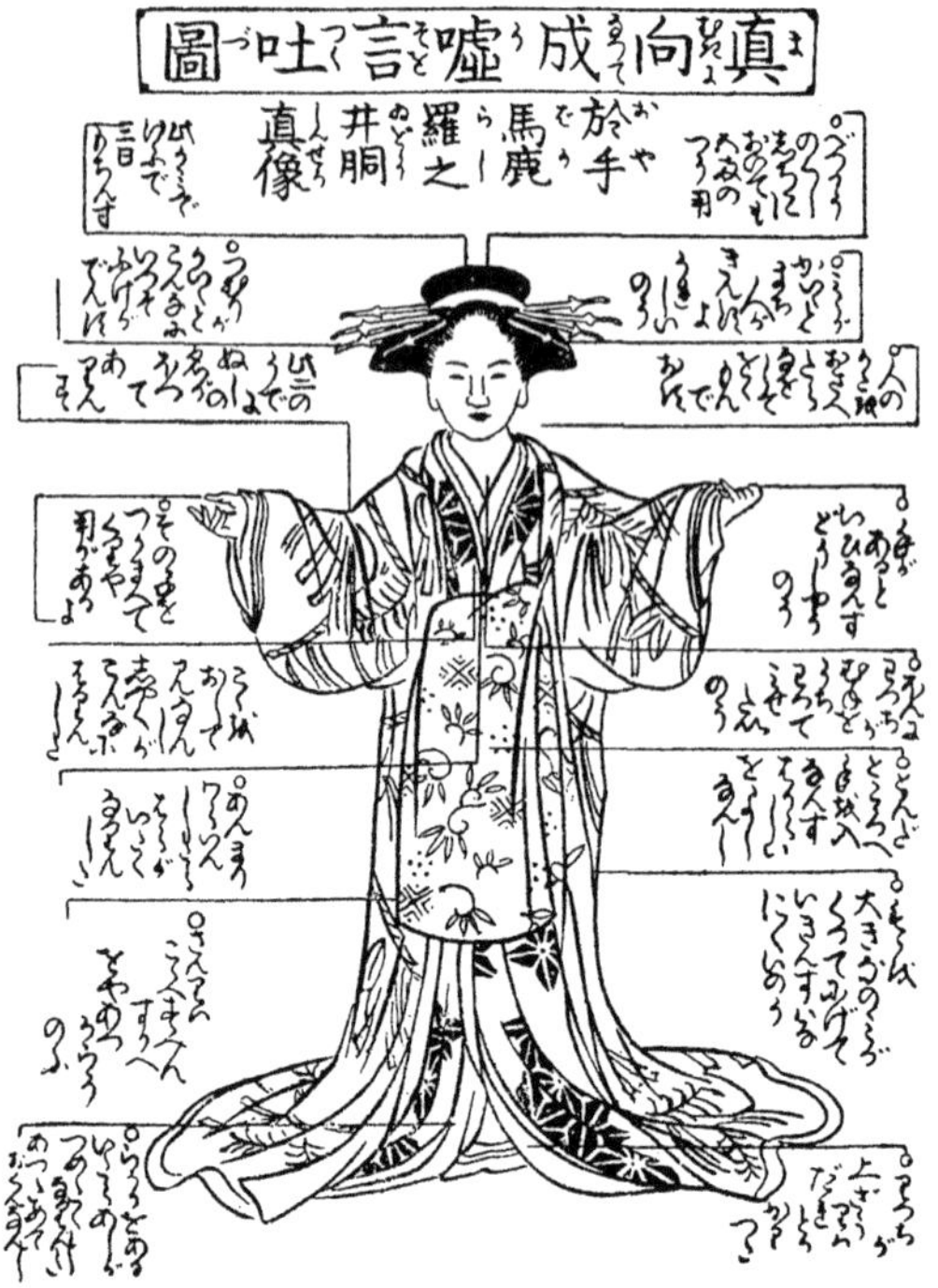

ンスを多く言う遊女
（芝全交作、北尾重政画の黄表紙『十四傾城腹之内』）

（右上から）
鼈甲《べっかふ》の櫛、質に置いても五両の通用。
耳が痒《かい》いと待ち人が来んすよ。嬉しいのう。
人の肩を押さへたら、直しておくもんでおす。
手があると言ひなんす。どうせうのう。
ほんにわっちが胸を打ち割って見せたいのう。
とんだ所へ手紙入れなんす。馬鹿らしい。およしなんし。
股《もも》を大きな蚤が食って逃げて行きなんすわな。憎いのう。
わっちが上草履は誰とか換はった。

（左上から）
此の髪で今日で三日もちんす。
頭《つむり》が痒《かい》いと、こんなにいっそふけが出んす。
此の二の腕に、主《ぬし》の名が彫ってありんす。
その子を捕《つ》らまへてくりゃ。用があるよ。
ここを押してみなんし。癪《しゃく》がこんなに張りんした。
あんまり笑ひんしたら、腹が痛くなりんした。
三里はここへ据ゑんすかえ。おや熱からうのう。
廊下を歩いたら、足が冷たくなりんした。暖《あった》めておくんなんし。

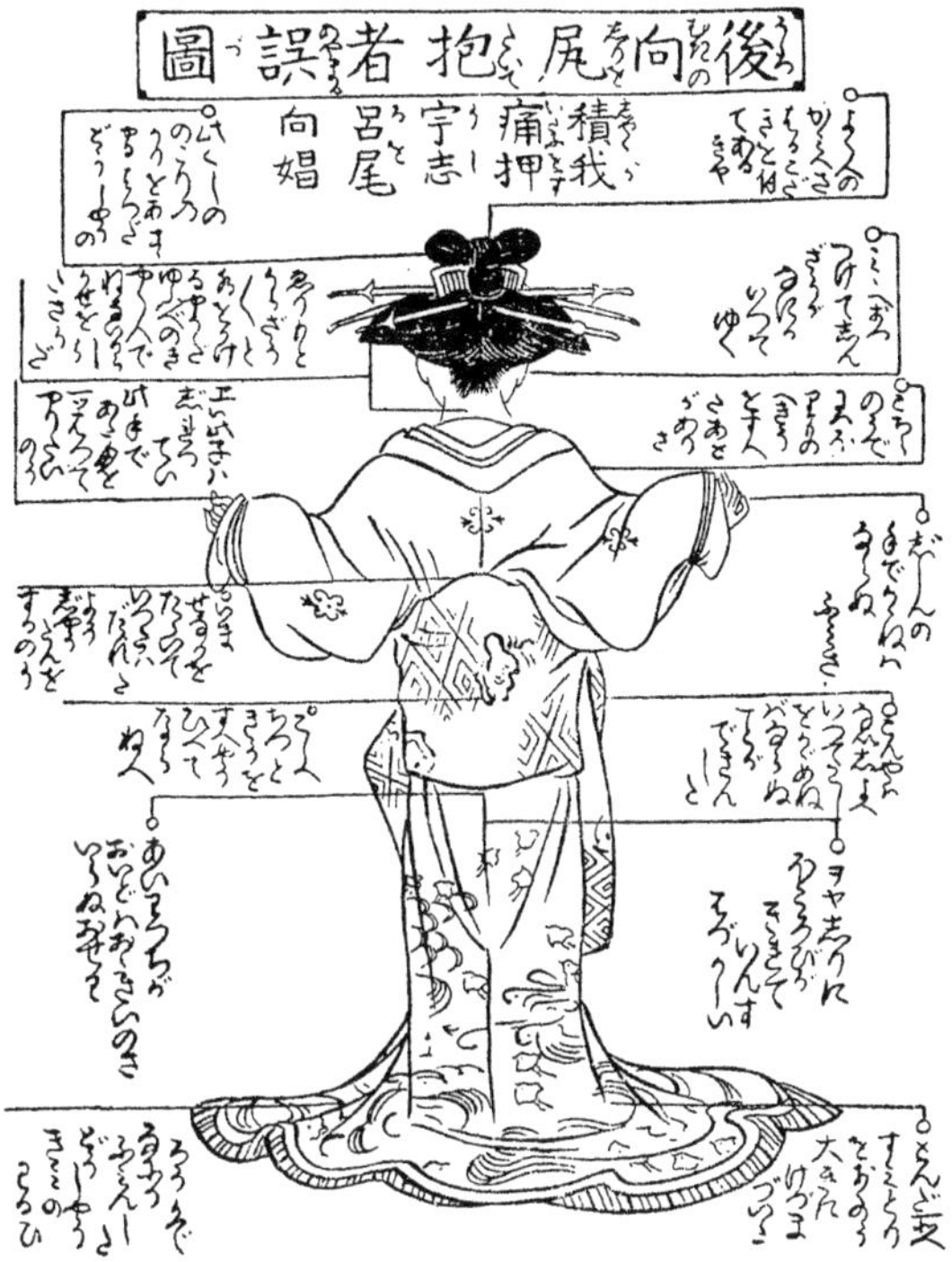

（右上から）
よく人の髪へ触る子だ。気を付けて歩きや。
耳へおっ付けて、新造が何か言って行く。
こちらの腕には彫り物へ灸を据ゑた跡がありさ。
自身の手で書かねばならぬ文《ふみ》さ。
今夜は内証へ行って、腰を屈《かが》めねばならぬことが出来んした。
オヤ、尻に綻《ほころ》びがきれてゐんす。恥づかしい。
とんだ所へ炭取りを置くのう。大きに蹴つまづいた。

（左上から）
此の櫛の残りの借りを明日やるはずだ。どうせうの。
襟元《えりもと》からざらざらと水を掛けるやうだ。昨夜《ゆふべ》の客人で寝ないから、風邪を引きさうだ。
エイ。此の子はじれってい。此の手で頭を一つはってやりたいのう。
いま背中を叩いて行ったは誰だ。よう冗談をするのう。
腰へちっと灸を据ゑよう。冷えてならねえ。
あい、わっちが尻《おゐど》は大きいのさ。いらぬお世話。
廊下で何か踏みんした。どうせう。気味の悪い。

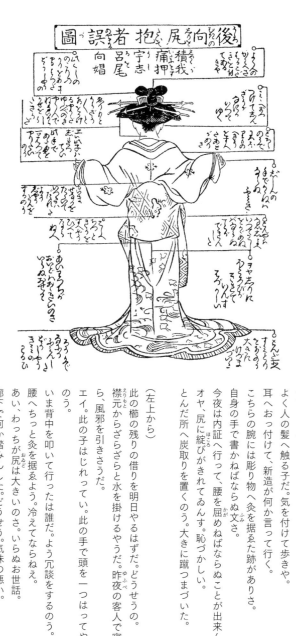

島原の遊女の言葉として、

又来《き》さんしたか。早う往《い》なんし。

「その盃、これへささんせよ」と言へば、筍《たかんな》のごとくなる御手にて差し出したまひて、「一つ飲まんし」と言はれたるは

などとある。

江戸吉原でも、寛延二年（一七四九）成立の泥郎子（山岡浚明《やまおかまつあけ》）著の洒落本『跖婦人伝《せきふじんでん》』で吉原の遊女の高尾の語る言葉に、

今の御勤《おつとめ》の艱難《かんなん》は、嘸々《さぞ》苦労でも御ざんせう。その上御前の御器量なら、縦《たと》へ太夫にならんしても恥づかしからず。（略）いく度《たび》床入りさんしても大義にも思はんせねば、床第一の屋《や》形衆《かたしゅ》（武士の客）にもしごく良く、功者があって床が良ければ、本に鬼に金棒、はやらしゃんするは、たしかにわたしが受け合ひます。

とある。吉原でも用いていた。

こちらのンスは後に記すシャンスから変わった語と言う。

『東海道四谷怪談』（二幕目）で「武士の娘で侍の妻とも言はるる」お岩が、

お前がいやと言はんしても、外へ頼まん頼りもなう女の手一つ

と言っている。遊郭の言葉を一般の女性も使うようになっていた。

ナンス

尊敬の意味でナンスと言うこともある。これはナサリマス→ナサリンス→ナサンス→ナンスと変化したものと言う。

まず島原での例。宝暦九年（一七五九）初演の浄瑠璃『難波丸金鶏《なにわまるこがねのにわとり》』（天満老松町の段）に、女房おつるが「ヤアヤア何と言はんす」と言ったのに、

どうなんせ、かうなんせ、どうさしんせは聞き馴れた京の島原の物いひ、アア合点《がてん》が行かぬ故…

と言われるところがある。

新町での例には、宝暦六年（一七五六）以前に大阪の書店から出た新町が舞台の『月花余情』に、

ハイ、たんとべべ着なんしたの。

よしになんせいでの。

申し、芸子さんなとちょっと呼びなんせんか。

まだ何とも返事なんせん程に、お前もさう言うてくれなんせ。

などとある。

宝暦七年刊作者不明の『聖遊廓《ひじりのゆうかく》』に、

お前の所に杯があるさうな。ちとまわしなんせんか。

お前はこちら枕にしなんすかえ。

などとある。

吉原でも、明和七年（一七七〇）ころに出た『遊子方言』に、

一ッおあんなんせ。

さっき向ふの内にお出なんした。

明朝《みやうあさ》およりなんし。

などとあり、為永春水作、天保三年（一八三二）刊『春色梅児誉美』（初二）では、吉原の遊女此糸《このいと》が、

早く下へ往《い》きなんしヨ。かならず案じなんすなエ

と言う。

品川を舞台とする安永二年（一七七三）刊『南閨雑話』では、ナンスも「よオく申してくんなんし」とあるが、多くネンスを用いている。

こっちへおはいりねんし。

ようすきなことを言ひねんすのオ

ただし安永三年（一七七三）刊の『婦美車紫𪊲《ふみぐるまむらさきかのこ》』には、「品川駅」について「此の浄土は大抵《たいてい》吉原を学ぶ。（略）其の外、なんす、りんすの言葉づかひは大かた違はず」とあり、後に引く品川を扱った『南客先生文集』にネンスは無い。

ナマス

同じく尊敬を表す。語源については、

①ナサレマス→ナサイマス→ナハイマス→ナハアマス→ナハマス→ナアマス→ナマス

②ナリマスのリが脱落した。

③ナンスから変化した。

などの説がある。①は上方の遊郭での変化、③は江戸吉原での変化とも考えられている。宝暦（一七五一―六四）ころから島原・新町で用い始めた。

島原については、安永四年（一七七五）刊の越谷吾山《こしがやござん》の全国方言辞書『物類称呼』に、

又京都にて西島訛《なまり》といふは、島原詞と云ふ事也。たとへば祇園町にて「なさるか」「なはらんか」などいふを、島原にては「なますか」「なませ」などといふ。

松葉軒東井の天明七年（一七八七）成立の『譬喩尽《たとえづくし》』に、

なませといふ里詞《さとことば》は被《れ》レ成《なさ》ませの略語なり（京嶋原ノ詞也）

とある。

新町の例は、宝暦七年（一七五七）刊『澪標《みおつくし》』の寛政十年（一七九八）の「増補の分」にある「里詞の篇」に「なませんか」、文政二年（一八一九）ころ成立の『浪花聞書』に、「〇なます（居なます・きなますといふ。新町言葉也。）」とある。

『東海道中膝栗毛』（八中）の新町の場面で、仲居が、

コレイナアおまいさん、そないになんで、お腹たちなますぞいな。
ソレソレ太夫主《たいふす》が来なましたわいな。
今お帰りなますとて、えらうお腹立ててぢやわいな。

などと言う。

『浮世床』（初・中）に上方の男が遊郭の話をして、「おまへさん、寐《ね》なますなら爰《ここ》な上へ寐なませというて、蒲団三ッの上へ寐さしてくれたはい」と言う。

『守貞謾稿』（娼家上）に、

新町詞　昔は新吉原町の遊女語のごとく、諸国より抱《かか》へたる娼妓の生国の鄙言を隠すがため

に、一種の詞を造り、常言にこれを用ふなるべし。その言は、江戸吉原詞と同じく、云ひますをいひなます、なされませをなまし、あるいはなませと云ひしなり。（略）近年、この言を用ひず、市民と同言のみ。

と説明がある。吉原の言葉と同じことだ。

新町では、ナマスの前の段階にナハマスの形もあった。宝暦六年（一七五六）刊の洒落本『浪花色八卦』に、新町について、

此所は炭火（享保九年〈一七二四〉の火災）の有った時から風流今に変はらず、どうなはませ、こうなはませの言葉つが《ママ》ひ。

とある。

吉原の例には、『春色梅児誉美』（初三）の、

「今下の方でたいそう呼んでゐますヨ。はやく裏階子《うらはしご》から下りてお出でなまし」

などがある。

シャンス

動詞スルの未然形セに尊敬の助動詞ラレルの付いたセラレルから転じたシャルにマスが付いた

シャリ（レ）マスからリ（レ）の落ちてシャマスとなり、マガンになったものと言う。意味は同じく尊敬だ。

島原に通う客の手引き書のような延宝九年（一六八一）刊『朱雀諸分鏡《しゅしゃかしょわけかがみ》』（上）に、

わが身の程をはかりて知らしゃんすが肝要でござんす。

とある。

新町の例は、『難波鉦』（一）に、

ああ、いつもいつもわたくしが事を聞かしゃんすほどに、今日は何の日ぢゃまで（珍しいことだ）

大方の衆が言はしゃんするは、ならぬ故でござんす。

などとある。

近松の正徳五年（一七一五）初演『大経師昔暦』（上）に「あれお客がある。退《の》かしゃんせ」とあるのは、京都四条烏丸の大経師の家の下女の玉の言葉。一般人が使っている。

江戸吉原でも、ンスの箇所に引いた『跖婦人伝《せきふじんでん》』に吉原の遊女の高尾の語る「はやらしゃんすは、たしかにわたしが受け合ひます」があった。『東海道四谷怪談』（二幕目）には、武家の妻のお岩が、「エエ何を言はしゃんす」と言うところがある。

サシャンス

意味は尊敬。サシャレ（リ）マスから変わったとも、サシャルにンスが付いたとも言う。島原での例。延宝九年（一六八一）刊『朱雀諸分鏡《しゅしゃかしょわけかがみ》』（上）に、

詰め開きはたとひよくさはいさしゃんしても、真実には思ひませぬ。

とある。

新町での例。『難波鉦《なにわどら》』に、

寝さしゃんしたか（一）

思うてもみさしゃんせ。私の取る銀《かね》ではなし（二）

そのやうなことで腹を立てさしゃんした物でござんしょ（二）

などとある。

『大経師昔暦（上）』の「どうなりとさしゃんせ。こちゃおさん様に言ふほどに」は、前と同じ下女の玉の言葉。一般人が用いた例だ。

サンス

シャンスから転じたと言う。意味は同じで尊敬。

島原での例。寛文五年（一六六五）ころに出た浅井了意の『浮世物語』（一）の「傾城狂ひ異見の事」の章に、島原の遊女の言葉として、

「又来《き》さんしたか。早う往《い》なんし。」

「その盃、これへささんせよ」と言へば、筍《たかんな》のごとくなる御手にて差し出したまひて、「一つ飲まんし」と言はれたるは

とある。

『好色一代女』（二・二）では、島原の遊女が、

あの人さまは、古うはあれど絹の下帯かいてゐさんす。

と言う。

新町での例。『難波鉦』に、

どこにゐさんす。ようござんした。（一）

如何《どう》した事で退《の》かさんした。言うて聞かしゃんせ。（一）

さる殿達の教へさんした。（二）

などとあり、新町が舞台の近松門左衛門の『山崎与次兵衛寿の門松《ねびき》』（下）に、「預かる物は半分の主《ぬし》は忘れてゐさんすか」とある。

『好色一代女』(五・二)では大阪の風呂屋の女が「皆寝さんせぬか」と言ぅ。
吉原での例は、寛文二年(一六六二)刊の『江戸名所記』(七)の吉原の箇所に、
花の朝《あした》には、「往《い》なさんすか」の言葉を思ひ
とあり、歌謡集『松の葉』(三)の吉原を歌った「一夜かがみ」に、
誰《たれ》ぢゃいの、置かさんせ、こんな不道化《ふだうけ》な事はせぬものよ。
とある。前の『跖婦人伝』にも、「いく度《たび》床入りさんしても」とあった。

オシャンス

「言う」の尊敬丁寧語。オッシャイマスの意味で、上方の遊里から始まった。オシャレ(リ)マス→オシャマス→オシャンスとも、オシャルにンスが付いたとも言う。
歌謡集『松の葉』(三)の「八 祭文」に、
上方の社には稲荷・祇園・賀茂・春日、松の尾の大明神、北野は天満天神なり、あのおしゃんす事わいの、あのおしやんす事はいの、鹿島浦には宝船が着くとの、千本・舟岡・朱雀、いろ里やあそれの、
とある。

『心中天の網島』（上）に、

エ何おしゃんす。今宵のお客はお侍衆《しゅ》。追っ付け見えましょ。

とあるのは大阪の曽根崎新地でのことだ。

『柳多留拾遺』（二）の「大津からあのおしゃんすを聞きはじめ」は、オシャンスが上方語だという句だ。

『大経師昔暦』（上）の「エヽおさん様いやらしい事おしゃんすな。」は、前と同じ京都四条烏丸の大経師の家の下女の玉の言葉。一般人が用いた例だ。

オマス

アリマス、イマスの意味のオマスという語は、大阪では今でも用いているが、本来は遊里語だった。オマイ（参）ラス→オマラス→オマスと変わったとも、ゴザリマス→オザリマス→オマスと変わったものとも言う。

寛政六年（一七九四）に出た大阪の遊里に関する様々なことを記した『虚実柳巷方言《きょじつさとなまり》』（下）の「廓中詞《かくちゅうことば》」に、「おます　御座りますといふ事」とあり、文政二年（一八一九）ころ成立の『浪花聞書』に、

おます（御座りますといふこと、女の言葉也。若き男などはいふ言葉也。もと遊里などの言葉のよし、
　今は一般通用す）

とある。

『東海道中膝栗毛』（八中）の新町の仲居の言葉に、

ソリャおうれしうおますわいな。

ハテ御遠慮はおませんわいな。お脱ぎなませ〳〵。

あなたのそのなりは、何でおますぞいな。

などとある。『浮世風呂』（二上）には、江戸の銭湯で上方の女が、「デおますか。夫《それ》がマア、何で江戸子ぢゃな」と言うところがある。遊里から出て一般人も用いていた。

谷崎潤一郎『細雪』（上・一七）には、

「兄さん、あのウロンスキー云ふ人なあ、――」

と、二三歩あとの暗闇から妙子が云った。

「あの人、気の毒な事情がおますねんで。何でも若い時に恋人がおましてんけど、革命でお互に居所知れんやうになってしもてん。――」

とある。

牧村史陽『大阪ことば事典』に、「今ではオマスが大阪を代表する言葉として知られている。しかし、実は船場あたりでは、明治時代にはこのオマスはほとんど用いず、ゴワス、ゴザリマスが常用語であった。」とある。妙子は船場育ちのこいさんだが、昭和には用いていたことになる。

オアンナンス

オア(上)ガリナンスから変わった語。食う、飲むなどの尊敬語。召し上がる。吉原が舞台の『遊子方言』に、

(客)「…いやこのやうなこと言はずと、一杯呑みましょ」

(女房)「一つおあんなんせ」

という会話がある。

名詞のオアンナンシは遊郭で格子の中から遊客に吸い付けタバコを出して「おあんなんし」と呼び掛けたことから、下級の女郎のことと言う。『浮世風呂』(四上)に、

ハテサ、今の女の子の中にも、おあんなんしになる女《あま》もあれば、絹布《おかひこ》にくるまって、一寸《ちょっと》出るにも定乗物《ぢゃうのりもの》できんきんになるもあらうス。

とある。

オッシインス

オッシャリマスから変わった語だろう。「言う」の江戸での尊敬語。『遊子方言』に、

何かしれぬ事ばっかりおっしいんすから、挨拶がしにくう御ざりんす。

とある。

同じようなオッセエスが『通言総籬』(二)に、

とめ川さんが中の町で見掛けたとおっせえした。サア本当におっせえし〱。お言ひなんせんと、くすぐりいすにえ。

とあり、オッセンスも『青楼五雁金』(三)に、

今日の明日のとおっせんしては、あんまり急で得心させる間がおざんせん。

とある。

オッス

アリマス、オリマス、ゴザイマス、デス、マスの意味の丁寧語。

『通言総籬』(二)に、「おやばからしい。何も食べるものが、おっせんよゥ引(「引」は延ばす意)」とあり、笑話本『無事志有意』に、吉原の新造(なりたての遊女)が「この簪《かんざし》は流しでおっす」と

言うところがある。

オス

意味はオッスに同じ。吉原の松葉屋から広まった。このことは後に述べる。

『通言総籬』(二)に、

いっそ好かねえ近眼《ちかめ》坊主でおすよ。

サア謝りいすから、お向きなんし。さみしうおさナア。ぬしに聞き申しいす事がおすにえ、

などとある。

ザンス

意味は丁寧のデス、マス、アリマスだ。ゴザンスがオザンスとなりオが落ちたものか。

山東京伝の『傾城買四十八手』に、遊女二人の、

「おたのしみざんすね」

「(聞こえたれど、わざと)なんざんすとえ。ちっとも聞こえんせん」

という会話がある。

為永春水の『春色梅児誉美』（初・二）には、

（遊女此糸）「座敷のものが今湯から上がって来ると悪うざんすから、早く下へ往《ゆ》きなんしよ。」

とある。

昭和二十八年にコメディアンのトニー谷の「ザンス、サイザンス」が流行語になった。赤塚不二夫が昭和三十七年から連載した『おそ松くん』に登場するイヤミは文末を「ざんす」と言う。これはトニー谷をモデルにしたキャラクターだ。

ザマス

意味はザンスと同じ。マスが多く用いられるようになって、ザンスがザマスになったか。ゴザリマスから変化したか。天保（一八四〇―四三）ころから吉原の遊女の言葉として発生したと言う。

『春色梅児誉美』（初・二）に、

（番頭新造〈遊女の世話係の女〉）「またお長《ちゃう》さんのことざますか。かはいさうにさぞくやしからう。」

とある。

十返舎一九の随筆『花柳古鑑』（上・六）に「今は遊女の詞も古風を失ひ、多くは何ざますなどいふ言葉に移り変はりたり」と説明がある。

夏目漱石『硝子戸の中』（二〇）に、次の文がある。

「もうし〳〵花魁《おいらん》へ、と云はれて八《や》ツ橋《はし》なんざますえと振り返る、途端《とたん》に切り込む刃《やいば》の光」といふ変な文句は、私が其時分南麟《なんりん》から教《おす》はったのか、夫《それ》とも後《あと》になって落語家《はなしか》の遺《や》る講釈師の真似《まね》から覚えたのか、今では混雑してよく分らない。

ザマスを東京の中流を意識する婦人たちが使っていた時期があった。

太宰治の昭和十七年作の『正義と微笑』に、
よその紳士が、叔母さんにお酒をすすめた。女史はからだを、くねくねさせて、

「あの、いただけないんざますのよ。」

とある。苦々しく思っているのだろう。この小説の時代設定は「昭和十年ころのものらしく」となっている。そのころにはあったようだ。昭和二十年代にはかなり行われていた。藤子不二雄が昭和四十年から連載した『怪物くん』に登場するドラキュラが、自分を「あたし」と言い、文末を「ざます」と言う。

ゴザンス

一般にも用いる語だが、遊女の言葉にゴザンスが多く見られる。三都の例を一つずつあげる。

女郎の実《じつ》を聞きたいなどと詞のはづれに言ふ人がござんす（島原『朱雀諸分鏡』上）
大方、二度目くらいは男から物語しまするものでござんす（新町『難波鉦』二）
浅草のお寺さまの御ざんして、お吸ひ物を居《す》ゑまして（吉原『諸艶大鑑』六・四）

樋口一葉の『たけくらべ』（一二）に、

平常《つね》の美登利ならば（略）さあ謝罪《あやまり》なさんすか、何《なん》とで御座んす（略）さあ何とで御座んす、と袂《たもと》を捉《と》らへて捲《まく》しかくる勢ひ

とあるのは、吉原遊郭で育ったヒロインの美登利だからだろう。

これらンス以下の遊女の言葉は、いつごろまで行われていたのか。
明治四年刊の仮名垣魯文『安愚楽鍋』（二上）の「娼妓《おいらん》の密肉食《あくものぐひ》」に、

年のいかないわちきの口から、しつれいざますけれど、あの人とながくあひびきをしなんしちゃア、おいらんの身がつまるばかりでスから、どうぞこれをさいはひにきれておくんなんしといってくれたのざますから、

とある。明治初年にはまだこれらの言葉を使っていた。
『たけくらべ』は明治二十八年に発表されたもので、右に引いたナサンス、ゴザンスがあるが、

この部分だけで、それ以外の美登利の言葉は郭言葉ではない。
明治三十年に泉鏡花が発表した『風流蝶花形』の女主人公の「おいらん」の萱原は、

「何《なん》だな、つまらないことをいふぢゃあないか。何《ど》んなに、我儘《わがまゝ》だったって、甘えられたって、この人に愛想《あいそ》を尽かされるもんかよ。私《わてえ》が斯《か》うやって居る内あ、おいらんのお姫様で、お前を立て通してあげようわ。沢山《たんと》我儘をいふが可《い》い。」

などと、ザマスなどは使っていない。
三遊亭圓生（明治三三―昭和五四）の落語「山崎屋」で、吉原の遊女だった若妻が、

「なんざます」
「あの、北国ざますの」
「道中はするんざます」
「駕籠乗物はならないんざますの」
「三分で新造がつきんした」（圓生全集　第八巻）

などと言う。これは遊女だったのを際立たせるための言葉だ。
五代目古今亭志ん生（明治二三―昭和四八）の『志ん生廓ばなし』では、

「騒々しいたって、しようがないじゃないかねエ、おまえさん。こういうとこはみんな、あ

あいう賑かなのが、ほんとのお客さまなのよ、お金使うから……」（首ったけ）
「ほんとに、しつこいたらありゃアしない。飲めないのに、無理に飲め飲めてエんだよ。こんな苦しいことないよ。旦那、後生だから、寝かしておくれよ」（坊主の遊び）
「なンですか？　いかに無礼講とはいいながら、ホドがありますよ。あとでお叱りがありますから……、さがれ！」（錦の袈裟）
など、遊女は普通の言葉を使っている。

ワチキ・アチキ（自称の代名詞）

先に引いた『安愚楽鍋』では遊女が自分をワチキと言っている。『春色梅児誉美』（初・一）に、深川の芸妓の米八《よねはち》が、「どんなことをしても私《わちき》が身の及ぶだけは、おまはんに不自由はさせやアしせんから」と言うなど、江戸後期から例が見られる。

林不忘『丹下左膳　こけ猿の巻』（供命鳥）に、

「妻恋小町の萩乃さまにじきじきおめどおりをゆるされるばかりじゃアねえ。次第によっちゃア、おことばの一つもかけてくださろうってんだ……まあ吉つあんじゃないか、会いたかった、見たかった。わちきゃおまはんに拾わせようと思って――」

「よせやい！　薄っ気味のわりい声を出すねえッ。チョンチョン格子の彼女じゃアあるめえし、剣術大名のお姫さまが、わちきゃ、おまはんに、なんて、そんなことというもんか。妾《わらわ》は、と来らあ。近う近う……ってなもんだ。どうでえ！」

という会話があるが、丹下左膳の時代は、「徳川八代将軍吉宗の御治世」（乾雲坤竜の巻・夜泣きの刀）だから、そのころはまだワチキという語は使われていないはずだ。

久生十蘭『平賀源内捕物帳』（萩寺の女）に、歌舞伎の女形が、

「……その後《のち》、ようやくお眼にかかれるようになり、その時のお話では、わちきのところへしげしげお渡りになったことがお父上さまの耳に入り、手ひどい窮命《きゅうめい》にあって、どうしても出るわけにはゆかなかったということ。その後、お父上さまが京都にお帰りになったので、また元通りにお逢い出来るようになりましたが、人目の関があって、芝居茶屋の水茶屋のというわけにはまいらなくなり、あちきの方から、日と処をきめて文を差上げ、日暮里《にっぽり》の諏訪《すわ》神社《じんじゃ》の境内や、太田《おおた》が原の真菰《まこも》の池のそばで、はかない逢瀬《おうせ》を続けていたのでございます」

とあるが、平賀源内は安永八年（一七八〇）に死んでいるから、その頃にはそろそろワチキを使いはじめたかもしれない。

落語では、六代目三遊亭圓生の「紺屋高尾」で、高級な遊女の高尾が、

「それは、主《ぬし》、本当ざますか。そんなら、わちきは来年の二月十五日に年《ねん》期があけるのざます。主のところへたずねて行《い》きんすによって、わちきのようなものでも、女房に持ってくンなますか」

「それなら、こちらからたずねるまで、もうけっして二度とここへ来てはなりんせん。今夜の勘定は、わちきがよいようにしておきまほう。」（圓生全集　第九巻）

などと言う。江戸時代の高級な遊女なのでこういう言葉を用いているのだろう。

○文字言葉

女房言葉に「○モジ（文字）」というのがあり、これを「文字言葉」と言うことにした。江戸前期の遊郭でもそれを倣ったと思われる語がある。上流の女の言葉ということで、遊郭でも取り入れたのだろうか。これは島原、新町、吉原のいずれの文献にも見える。

明暦元年（一六五五）以前に出た島原の遊女評判記『秘伝書』に、遊女の手紙の書き方があり、そこに、

過ぎし夜は、はじめて御けもじに入り、あからさまなる御事ども、御恥づかしや。

とある。ケモジは「見参《げんざん》」のゲに「文字」を付けたものだから、同じ本に、
詳しくは御げもじにて、御物がたり申したきなどと書くべし。
とあるからゲモジだろう。お目に掛かることだ。
同じ本に、病気になった時のことに、
医者衆《いしゃしゅ》も大病と言ひ、我が身も次第に心細く、医師《くすし》もあまた変へ候へども、煩ひ同じ心にて、
迷惑さ、御すもじ候へなどと語るべし。
とある。スは「推察」のスだ。
この本には、
その時は、「嘘《うそ》ばかり。そさまとこそ比翼ぢゃ」と言ふべし。
という例がある。ソサマはソナタ。文字言葉ではないが、一字だけ言うのは文字言葉と同じような考え方だ。

明暦二年刊の島原の遊女評判記『ね物がたり』に、
さるかたのけいもじより珍しき文貫《ふみ》ひたると云ふ。
又は夕もじに来たり、昼は定まりてひま入男と契約いたし、

とある。ケイモジは「傾城」のケイに「文字」を付けたもの、ユウモジは「夕方」あるいは「昨夜《ゆうべ》」のユウに「文字」を付けたものだ。

『ね物がたり』には、

その日、又なじみの男、外《ほか》の揚屋《あげや》へ来たり、との字する時は、

かの我がほの字なる男の方《かた》へ文《ふみ》使ひ呼び寄せ、

と、「との字」「ほの字」が見える。トノジは「泊まる」、ホノジは「惚れる」だ。ト、ホに「の字」を付けたものだから、〇モジと同じような構成の語だ。「ほの字」は今でも用いるだろう。「奴言葉」にも「ほの字」が見える。どちらが起こりだろうか。

明暦三年刊『美夜古物語』に、

道遠きにより、あるいは人に逢はじがため、あるいはせの字などに乗る者多ければ、

セノジは「世話」か。後の『吉原すゞめ』にも例がある。

新町については『難波鉦《なにわどら》』に、

殿たちの粋にならしゃると言ふは、けいもじに揉《も》まれて後になることでござる。（一）

島原にもあった「傾《けい》もじ」。傾城だ。

誠に誠にこの中は再々御文給ひ候へども、気色《けしき》重きに取り紛れ、御返事も怠り、かもじにて候。(二)

カモジは「堪忍」だろう。

我が身ことも御めもじなりたく存じ候ふまま、あはれこの方《かた》へお出で候へかし。くどく御けもじにて申したや。(二)

オメモジは今でも使うことがある。お目に掛かることだ。ケモジは島原にもあった「見参」だ。

医者衆《いしゃしゅう》も大事の様《やう》は言ひ、我が身も次第に心細く、薬もかれこれと飲み候へどもはかばかしくもなう、気の毒さ御すもじ候へ(二)

スモジも島原にあった「推察」だ。

三浦殿のよい男ぢゃと言はしゃったものであらう。それでちとほのじか。(四)

惚れる意味のホノジも島原にもあった。これは男の言った言葉だ。

吉原での例。

寛文元年(一六六一)刊の『吉原用文章』は遊女の書く手紙の例文集の形の評判記だ。

何とお隠しにても、かもじにも耳、いもじにも口、悪事千里とやらん。

カモジは壁、イモジは石だろう。なぜ分かりきった語を○モジで言うのだろうか。

又ゆかしきとは申したけれども、天もじぞむつかしく候。

意味不明。名前の下に付けて敬意を表す「殿」を「でんもじ」と言う例が狂言（大蔵虎明本）「鈍太郎」にあるが、これではあるまい。

浮世恨み申す事、返りてそもじさまに報い候はんかと、心もとなく御入り候ふとは申し候へども、片輪車にて候。

ソモジはソナタ。この文には、この後に、
そさま心一つにて、咎《とが》も無き世の中まで恨み申すこと…

とソサマもある。

早く御寝《ごしん》なりたかろとすもじ候。

島原、新町にもあった「推察」だ。

小野の小もじは百夜《ももよ》とや
小野小町を小野の小もじと言っている。

もはや御年頃もよく候ふまま、恋の心を御やめ候ひて、お念仏、せんもじに存じ参らせ候。

センモジは「専念」か「専一」だろう。

もはやお見えもなくしのもじに思ひ参らせ候。

シノモジは「偲ぶ」か。

そさまのしんもじは、百年万年にても悟られぬ御嗜《たしな》みにて候。

心の中ということで「心中」か。

寛文七年刊『吉原すゞめ』

『美夜古物語』にあった「せの字」がこの本にも見える。「世話」の意か。

このほかに張り合ひにせのじなどにて会はば、初めより少しひま入りあり

次の例は「の字」を付ける理由の分からないものだ。

師走の中ころに至り、明くる春の使ひにとて、きゃらのじ遣はすべし

伽羅だけで十分なことだ。

延宝八年（一六八〇）刊の『吉原人たばね』の「はやりことば」の中に、

▲ののじとは　まはること

とある。「の」は丸い字なので言うか。そうだとすれば文字言葉とは違う。
郭に関するが、文字言葉でない「おの字」がある。天明二年(一七八二)が桜田治助作の富本節「新田高尾懺悔」に、
恥づかしながら川竹の、憂《う》き節しげき中々に、年《ねん》が明いて(ツライ遊女勤メノ期限ガ切レテ)の楽しみは、やがておの字の名を継いで、二日酔ひせぬ身とならば、
とある。それまでの遊女としての名を捨て、おさんとかお菊とかいうオの字の付いた素人の名になるというのだ。

○**店ごとの言葉**

遊郭では店ごとに独特な言葉を使うことがあった。
大阪新町での例。
井原西鶴『諸艶大鑑(好色二代男)』(二・五)に、大阪新町の遊女屋について、
其の家の姉女郎のまねをするにや、聞きとがむれば、定まって癖あり。新屋《あたらしや》の「ああしんき」、木村屋《このむらや》の「百癩《びゃくらい》(誓って)」、扇子《あふぎ》の「ああえず(気味が悪い)」、八木屋《やぎや》の「つがもない(たわ

いもない、とんでもない）」、金田屋《かなだや》の「名利《みやうり》（冥利。神仏に誓って）」、明石屋の「うるさ」、丹波屋の「無下ない（冷酷だ）」、藤屋の「てんと（ほんとうに）」、堺屋《さかひや》の「下卑た」、松原屋の「気の毒」、伏見屋の「憎やの」、塩屋の「それとても」、京屋の「何が扨《さて》」、大坂屋の「みぢん（微塵。少しも）」、住吉屋の「今に限らず」、槌屋《つちや》の「けりやう（仮令。仮に）」、湊屋《みなとや》の「神ならぬ身」、茨木屋《いばらきや》の「そもや（そもそも）」、此の外、遣手《やりて》・禿《かぶろ》までも、口癖あれども、書くに尽きず。

とある。

吉原での例は多い。

風来山人（平賀源内）の『阿千代之伝《おちよ》』に、

変はらぬものは家々の格式、どうしよう、はま屋に「おざんす」、松かは屋に「いんす、りんす」の言葉の端に、昔の風が残ってはあるけれど

とある。

朋誠堂喜三二の笑話本『柳巷訛言《さとなまり》』（天明三年〈一七八七〉刊）の序に、

廓中《くわくちゆう》また家々の別《わか》ちあり。所謂丁子《いはゆるちやうじ》の「有御座《オザンス》」、松葉の「有御座《オオス》」、扇楼《あふぎや》の「不佞《ワタクシ》」、玉館《たまや》の「足下《オマヘサマ》」の類の如し。

とあり、山東京伝の『通言総籬』には、

はやり言葉も味なものだ。ちょっと言い出すと無性にはやるよ。このごろのはやりは、扇屋の「きかふさん（初めてで名の分からぬ客）」、丁子屋《ちやうじや》が「はてな、ぶ洒落まいぞ（悪ふざけするな）、お楽しみざんす」。松葉屋が「ぢゃあおっせんか（ではございませんか）」、玉屋の「鬼の首（得意になることか）」、大文字屋の「しらアん」もよく言ふよ。様といふ事を「せ」と言ひやす。

越前屋は「真に」といふことをたんと言ふね。

とある。

『傾城觽《けいせいけい》』の最後に付録として「松丁玉扇四家言語解《しようていぎよくせんしかことかい》」が出ている。これは吉原の四軒の店での特別な語を並べたもので、「松葉屋言」に「おす（ござりますといふ事也）」を最初に「さっしておくんなんし」「わっちといへばかたっきし」「つかはす」「これこれ」「きいしたきいした」「出しきって」「しのびをこめる」「じれったうす」の九語、「丁子屋言」に「ざんす」など十四語、「角玉屋言」に「こんなこんな」など八語、「扇屋言」に「ほんざんすかえ」など七語が載っている。

店ごとに独特な流行語を使うことがあった。

『通言総籬』に、

でえぶ道が近うおすね。

それでもじれったうおすアナ。

何も食べるものがおっせんよゥ引（「引」は音を延ばす意）。

ここがようすよ。

などとあるのは、松葉屋をモデルにした松田屋でのことだからだ。これは後に広まって、『柳多留』（四一）に、

おすざんす是《これ》通人の寝言なり（柳雨）

とあり、笑話本『無事志有意』に、「馬鹿らしうおす」「棒組さん、ようおすか」「アイ駒形《こまかた》でおす」（女郎の駕籠）、「イエイエ居続けに違ひはおっせん」（畳算）などとある。

島原にも当然店ごとの言葉があったと思うが、例を見つけられなかった。

○吉原の言葉

今でも言葉の違いがある関西と関東なのに、これまで見たとおり、遊里の言葉にはあまり違いが無い。これはどうしたことか。

初期の吉原では、遊女は男のような詞を使っていたようだ。

滝沢馬琴の考証随筆『元吉原の記』に、元禄十七年（一七〇四）に出た由之軒政房の『誰《た》が袖の海』という本に、吉原詞というものが載っているとして、いくつかを掲げている。

呼んでこいといふことを、呼んできろ
急げを、はやくうっぱしろ
出《い》でくるを、いつこよ
歩《あり》くを、あよびやれ
こぼすを、ぶっこぼす
悪いといふことを、けちなこと
そうせよを、こうしろ
遊ばるるを、うなさるる
腹の痛むを、むしがいたい
しやんなを、よしやれ（これはよしにしろの略言也）
こそばいを、こそっぱい
女郎のよこぎるを、てれんつかふ、と云ふ（是は唐音也）。
としてさらに、盆の踊り歌を聞くと、
今年の盆はぼんとも思はないから、やがやけもがりがぶっこけて、盆帷子《ぼんかたびら》を付けて着た
以前吉原詞を歌に作ったのを見た。

おさらばへのしけをささりこはしゃうしたふさかふさはおっかないかなと列挙して、「是は明暦・寛文の頃より貞享・元禄（一六五五―一七〇四）に至れる吉原詞なるべし」と推定して、「その詞の田舎びたること、余りに甚だしければ悪口に作り設けたるにや」と思うが、出版したものだから無いことを書き表すことでもなかろう、これを見ても元吉原に遊郭があった時の里詞はひなびたことが多かったのだろうと思う、と意見を記している。

これは「男のことば」に記す奴言葉・六方言葉に似ている。馬琴の疑うとおり、初期の吉原の遊女は男っぽい言葉を使っていた。

寛文年間（一六六一―七三）に『吉原六方』という本が出ている。十五人の吉原の遊女の肖像に、簡単な評を添えたもので、あかし（明石）という遊女に、

思ひあかしの藻塩のいぶり、焦がれさんすはいとしいこんだは。

たかほ（高尾？）という遊女に、

是《これ》さその名も高尾の紅葉、我は時雨にあらねども、ふるたびごとに恋の増すこんだは。

定家という遊女に、

これさ定家《ていか》と出でたること、お敵まつほの夕凪《ゆふなぎ》に焼くや藻塩の焦がれぬは、ただないといふこんだは。

とあるなど、和歌を踏まえながら、六方言葉で書いてある。

江戸に幕府が出来ると、武士が多く住むようになった。参勤交代などで、江戸には男が多かった。新開地では女が少ないので、強い女が好まれたと聞いたことがある。そんなことで吉原では男と同じ言葉を使ったのではないか。

それがどうして京阪の遊郭と同じ言葉になったのか。

喜多村信節《のぶよ》の『嬉遊笑覧』（九）に、「吉原娼婦の詞一種ありて、他に異なるやう也（略）思ふに、これもと島原詞の名残なるべし」として、『浮世物語』（一）の島原の場面に「また来さんしたか、早ういなんし」などとある例を引き、さらに馬琴と同じ本を引いて、「大かたこれ昔の奴詞なるべし」と述べている。「島原詞の名残」というのは、島原の言葉を輸入して女らしい言葉にしたということではないか。あるいは上方の遊女が江戸に下っ

定家（吉原六方）

て来たことも考えられる。
島原の言葉を取り入れたのはいつか。宮武外骨は「アリンス国語は、宝暦の末年から天保の末年まで行はれたもので」（アリンス国辞彙）とするが、寛延二年の『跖婦人伝』にあるのだから、もう少し遡れることになる。

○江戸の岡場所の言葉

江戸の吉原以外の岡場所での遊女の言葉はどうだったか。

岡場所のありんすなどは図横柄《づわうへい》　（柳多留・三）

吉原以外の花街でアリンスなどという語を用いるのは図横柄（尊大で無礼）なのだ。しかし、品川、内藤新宿、深川が舞台の洒落本を見ると、それぞれ吉原との違いはあまり無いようだ。
大田南畝がそれぞれの遊郭を舞台とする洒落本を著している。品川は安永八、九年（一七七九、八〇）ころ刊の『南客先生文集』、新宿については安永四年刊の『甲駅新話』、深川については安永八年刊『深川新話』から引用する。

ンス

品川　サアまんまを盛って上げんせう。

新宿　サアおかさん、飲みなんし。注ぎんせう。
深川　そんなら上げんすめえ。

イス

品川　あっちやアどうでもしいすよ。
新宿　拝みいす。お前《めへ》まで同《おんな》じやうになぶんなんす。
深川　こりゃアもうお見立てで迷惑いたしいす。

ナンス

品川　お出でなんし。大分《でえぶ》遅く来なんしたね。
（先に記したとおり、『南閨雑話』ではネンスが多かったが、『南客先生文集』ではネンスは無い。安永三年（一七七三）刊の『婦美車紫*』《ふみぐるまむらさきかのこ》には、「品川駅」について「此の浄土は大抵《たいてい》吉原を学ぶ。（略）其の外、なんす、りんすの言葉づかひは大かた違はず」と、吉原と違わないことを述べてある。）
新宿　真実わっちをかはいいと思ひなんすなら、さっきの事を忘れなんすなえ。
深川　マアお取り上げなんし。

オアンナンス

新宿　あい、お茶アおあんなんし。

オッセンス

品川　私《わたし》によく申してくれろとおっせんした。

新宿　おっせんす事があるなら、静かにおっせんしたがようおぜんす。

深川　又々おっせんすと聞きやせんよ。

など、これまでの島原、新町、吉原と同じだ。江戸のことだから、吉原から入ったのだろう。

ただし、品川・新宿・深川での独特な言葉もあったようだ。

オゼンス

品川　ほんに今夜ア悪うおぜんすねえ。

新宿　ほんに綱木さんも悪うおぜんすが、あの子も若うおぜんすから、気が付きなんせん。そしてぬしも機嫌良く居なんす事でおぜんすから、ちっとは御不承もなんして、マアお休みなんしょ。

深川　おうたさんの云ひやうもよくおぜんせん。

ゴゼンス

品川　ナニサはじめはなんでもねえ事でごぜんす。

新宿　どうでもようごぜんす。

深川　いいえ、そんなお名ぢゃアごぜんしなんだ。

などがそれだ。わたくしの調査が不十分で、あるいは吉原にもあるのかもしれない。

前にも記したとおり、遊里語はもっと多いが、ここでは「女のことば」ということで、これだけとする。

これらは隠語ではない。職業特殊語とでも言うべきものか。

男のことば

一……武者言葉

武士は戦いに命を賭けるのが仕事だ。だから弱いこと、負けること、逃げることなどを思わせる言葉を嫌う。

猛火すでに御所におほひ候。今は敵《かな》はせたまふべからず。急ぎいづ方へも御開き候ふべし（保元物語（古活字本）・中）

退却する、逃げると言うのを嫌って、「開く」と言っている。道を切り開くのか。これは「忌み言葉」に記した、婚礼・宴会・会合などで「帰る、去る」を避けて、「開く、お開きにする」と言うのと同じだ。

『平家物語』などの戦記物語には、受身のレル・ラレルで言うべきところに、使役のセル・サセルを用いることがある。

子息河野《かうの》四郎通信《しらうみちのぶ》は父が討たれける時（略）河野通信、父を討たせて、「安からぬものなり。いかにしても西寂《さいじやく》を討ち取らむ」とぞ窺《うかが》ひける（平家物語・六・飛脚到来）

向かへの岸より山田の次郎が放つ矢に、畠山、馬の額を篦深《のぶか》に射させて、弱れば（平家物語・九・宇治川）

「中に取り込めて討たずして、あわてて船に乗って、内裏を焼かせつることこそ安からね」（平家物語・一一・嗣信最期）

高声《かうしやう》に十念唱へつつ、頸《くび》を伸べてぞ斬らせられける（平家物語・一一・重衡被斬）

太田太郎《おほたのたらう》、我が身手負ひ、家の子、郎党多く討たせ、馬の腹射させて、引き退く（平家物語・一二・判官都落）

現実は、討たれ、射られ、焼かれ、斬られたのだが、そう言うと自分のほうが弱いように感じられるので、相手にそれをさせてやったのだと言うことにしているのだ。負け惜しみの美学だ。気掛かりなことがある。負け惜しみなら会話文に見えそうなものだが、右の例で「焼かせ」以外は地の文だ。作者が登場人物に代わってサセタと言っているのだろうか。それにこのセル・サセルの例はむしろ少ない。『平家物語』では、「斬らせ」は右の一例だけで、それ以外は、「保元に為義《ためよし》きられ」（一・二代后）、「大納言がきられ候はんにおいては」（二・教訓状）など「きられ」となっている。「討たせ」は「家の子・郎党多くうたせ、我が身も手負ひ」（四・源氏揃）などとあるが、「討たれ」も「大衆《だいしゆ》・官軍、数を尽くいてうたれにけり」（二・山門滅亡　堂衆合戦）、「同宿数十人《すじふにん》うたれぬ」（四・大衆揃）などがある。

江戸時代になって、戦国時代の武士が戦場で用いた言葉を集めた、「武者言葉」などという語が題に入っている題の本がいくつか作られた。ここでは主として『武者言葉大概』〈東北大学付属図書館狩野文庫蔵本。先師中田祝夫博士の「武者言葉集の諸本とその研究」〈東京教育大学文学部　国文学漢文学論叢　第十七輯　第八十七号　昭和四十七年三月〉による）によって記す。この本の巻末には、天和二年（一六八二）九月に小笠原次郎貞宗という人が記したとあり、さらにそれを宝暦十年正月に丹羽景明という人が伝えたと書いてある。

一、城表ヲ大手ト云フ。後ヲ搦手《からめて》ト云フ。

一、本丸ヨリ二迄《まで》ヲ丸ト云フ。三ヲ郭《くるわ》ト云フ。四ヲ外ガハト云フ。

など、専門語を多く載せている。

ここでは、状況の違いに応じて、同じ意味でも別の語を使うのを見て行くことにする。

①身分の上下

『武者言葉大概』の最初に、

一　大将軍之軍門ニ趣キ給フヲ御進発ト云フ。其《それ》以下ヲバ出馬ト云フ。平人ヲバ陣立、又ハ出陣ト云フ也

とある。

「御進発」は『太平記』（二八）では、

其の上、將軍御進発の事、已《すで》に諸国へ日を定めて触れ遣はしぬ。

などと将軍をはじめとして大将の出発を「進発」と書いている。

「出馬」は、『兼見卿記』の天正五年（一五七七）二月十三日の条に、「内府信長御出馬南方云々」とある（『日本国語大辞典』による）。内大臣織田信長に「出馬」と言っているのは、これを書いたのが公家なので、武家の織田信長を快く思っていなかったからか。

「出陣」は『日葡辞書』に、

Xutgin（シュッヂン）　ヂンニ　イヅル　すなわち　ヂンダチ　戦争へ出発すること。

とあるが、身分についての記述は無い。

一、陣中ヨリ本国へ帰ルヲバ帰陣《かいじん》ト云フ。大将ヲバ御馬ヲ被入《いれらる》ト云フ也。

大将だけは「御馬」で、尊敬のラレルを付けるのだ。

一、大将之御馬ハ進メラルト云フ。其外《そのほか》ハ乗リ付クル、又ハ乗リ向カフナドト云フ也。

大将の乗馬は勇ましく「進める」と言い、それに尊敬のラレルを付ける。それ以下は「乗る」という扱いだ。

②敵と味方

敵は弱いと軽蔑し、味方は強さを誇る言い方をする。これについて、中田祝夫博士蔵本『神武雄備集口伝秘蘊』(一〇・軍中詞ノ事)に、

口伝ニ云《いは》ク、第一敵ノ美ヲ談ゼズ。是《これ》味方ノ兵気ヲ析《くじ》クマジキガ為ナリ。次ニ味方ノ弱キヲ苟《いやしく》モ云ハズ。惣ジテ陣中ニハ、敵ヲアシザマニ云ヒ、味方ヲバ善《よ》ク云フ、是レ法ナリ。タトヘバ敵ノ幕ヲバ引クト云ヒ、味方ノ幕ヲバ張ルト云ヒ、敵ノ馬ヲバ驚クト云ヒ、味方ノウマノイバフ(いななく)ヲバ勇ムト云ヒ、或《あるい》ハ敵ノ馬ヲバ引キ出シ、引キテ来タリ、引キテ去ルト云ヒ、味方ノ馬ヲバススムル、打チテ帰ル、持ッテ来ルナド云ヒ、或ハ味方ノ討タレタルヲバ討タセテ、突カセテト云ヒ、敵ヲバ討チ取リタルナド云フ。此レ等ノコト心ヲ付クベシ。

とあるのが十分な説明になっている。

『武者言葉大概』には次のような語句が見える。

一、敵ノ来ルヲ寄リ向カフト云フ。味方ヨリ寄スルヲ押シ懸クル、押シ寄スルト云フ也。

敵は寄り向かって来るだけだが、味方は押しかける、押し寄せると勢いが強いのだ。

一、敵ノ陣ノ前ヲアタリ（辺り）ト云フ。味方ノ前ヲ旗先ト云フ。

敵の前はただ「辺り」だが、味方は旗の立っている前なのだ。

一、敵ノ人数進ムヲハヤ（逸）ルト云フ。味方ハキホ（競）フト云フ。

どちらも勇み立つのだが、「はやる」にはあせるニュアンスがあるのだろう。「きほふ」は勢い込んで我先にとすることだ。

『平家物語』などにあった受身をセル・サセルで言うことも出ている。「手疵《てきず》幷《ならびに》高名之事」の最初に、

一、味方ノ手負《ておひ》ハ何方ヲ切ラセタ、ツカセタ、射サセタト云フ。

一、敵ノ手負ハドコヲキラレタ、ツカレタ、射《（ママ）》サセタナド云フ。（「射サセタ」は「射ラレタ」の誤り）

とある。

一、敵ノ討死《うちじに》ハ討チ捕ラレタルト云フ。味方ノ討死ハ遂《と》ゲタルト云フ。

敵は味方によって討ちとられたのだが、味方の死については、遂げる、つまり自分からそれをして目的を達したと言うのだ。

伊勢貞丈《さだたけ》の『軍用記』（七）の「軍中武者詞の事」には、

敵のほこり（埃）をばまけぶり（馬煙）と言ふ。味方をばむまほこり（馬埃）・武者ほこりとも。とある。敵の馬の立てる土埃はマケブリ（負け振り）、味方のは馬誇り・武者誇りなのだ。

敵の馬をば引くといふ。味方の馬はすすむといふ。

敵の馬は逃げるのを思わせる「引く」だが、味方は進むのだ。

③第一番と第二番以下

戦いでは最初に手柄をたてるのが名誉だから、順番を重視する。

一、鑓《やり》ハ一番・二番鑓ト称美ス。三番目ノ鑓ヲバ崩際《くづれぎは》ノ鑓ト云フ。

二番目までは褒めるが、三番目以下は敵の崩れる際として褒めることは無い。そこまで褒美を与えたくないのかもしれない。

一、頸ハ一番頸・二番頸・三番頸ト云フ。四ツ目ヨリ七ツ迄《まで》頸ト云フ。八ツ目ヨリハシルシト云フ。

討ち取った敵の頸は、三番目までは順番を言って褒め、七番目までは「頸」と言って問題にするが、それ以下は「しるし」と言って区別する。

一、一番高名ハ比類ナキ誉ト云フ。二番高名ハ勝《すぐ》レタル覚エト云フ。是ニ続クヲケナゲナル働ト云フ。

順位により褒め方にも違いがあるのだ。一番は比べるものが無いのだが、二番は勝れている、三番以下はけなげと、少しずつ差を付けるのだ。

④**対象の違い**

一、軽重ニ依ラズ子孫ニ伝フル物ヲ給フ拝領ト云フ。当座ノ御褒美ヲ頂戴ト云フ。

子孫にまで伝える物を貰うのは「拝領」、その場で貰ってそれきりの物は「頂戴」と言うとする。織田信長の右筆（記録係）だった太田牛一の『信長公記』でこれを確認する。

忝《かたじけな》くも（将軍の足利義昭の）御前へ信長召し出だされ、三献《さんこん》（正式な酒の儀式）の上、公儀（義昭）御酌にて御盃、并《なら》びに御剣を御拝領。（一）

盃と剣を「拝領」した。その場で酒を飲むだけではなく、盃も記念品として貰って保存するのだ。

彼《か》の与四郎、私宅・資財・雑具《ざふぐ》共に御知行百石、熨斗付《のしつけ》の太刀・脇差《わきざし》大小二つ、御小袖・御馬皆具《かいぐ》共に拝領。名誉の次第なり。（一二）

色々な物を「拝領」している。すべて「子孫ニ伝フル物」だ。

天子、御かはらけ出だされ、（織田信長が）頂戴。（八）

「かはらけ（土器）」は素焼きの盃。これは前の「盃」とは違って、その場で酒を呑んだだけで、器は「拝領」しないのだ。

面白き相撲を勝ち申すについて、御褒美として銀子《ぎんす》五枚、長光《ながみつ》に下され、忝《かたじけな》く頂戴。（一三）

「銀子（銀貨）」は貰っても保存せずに使うものだ。

一、敵取リ持チノ道具・弓・鑓《やり》・太刀・甲《かぶと》・指物《さしもの》・鞭・団扇《うちは》・母衣《ほろ》・采配ヲ取リ来ルヲ分捕ト云フ。此ノ外ハ乱取《らんどり》ト云フ。下卒ノ取ルヲバ乱妨《らんばう》ト云フ也。

『信長公記』（首巻）に、桶狭間の戦いの前に、織田信長が「分捕をなすべからず。打ち捨てたるべし」と命令したとある。普通なら倒した敵の武器を持ち帰って手柄とするのを、この一戦では許さなかったのだ。

大久保彦左衛門忠教《ただたか》の『三河物語』（三）に、元亀四年（一五七三）七月に、「（武田の軍が）ここかしこを放火して、刈り田をして、打ち散りてらん取をする所に」とあるのは、武具ではなく物資などを奪うのだ。

『太平記』（一〇）に、「敵は大勢にて早谷々に乱れ入り、火を懸け物を乱妨し候」とある。強引に奪い取ったのだろう。敵なので下卒に言う語を用いたのか。

御伽草子『一寸法師』で、鬼が逃げたので、「さて一寸法師、これを見て、まづ打出の小槌《こづち》をらんばうし」とある。一寸法師は下卒と扱われているのかもしれない。

船に乗ることには危険が伴う。それで船を使う場合に、縁起をかついで忌み言葉を用いることがある。「船詞之事」としてそれをいくつか記してある。

一、船中ニテ帰ルト云フ事ヲ凶（イムと読むか）。モド（戻）ルト云フ。

カエルは覆《くつがえ》るに通じるのでモドルと言うのだ。

一、沈ムト云フ事ヲスムト云フ。カタブ（傾）クヲキホフト云フ。

スムは「澄む」、キホフは「競ふ」か。船が沈んだり傾いたりするのは困るので、それを言わないのだ。

一、ワ（割）ルヲナラスト云フ。

ワルも「破る」で不吉なのでナラス（均す？）と言う。

漁師たちが海上で用いる「沖言葉」というのは、船の守護神の「船霊様《ふなだまさま》」という女神に対する敬意から、いくつかの物を陸上で用いる普通の語とは違う語で言うことだ（楳垣実『日本の忌みことば』）。この「船詞」とは違うので触れない。

元禄六年刊の艸田子《そうでんし》三径《さんけい》（苗村丈伯《なむらじょうはく》）の『男重宝記《なんちょうほうき》』（一）に、次の記事がある。

大名衆《だいみょうしゅ》つかひ詞の事

一　国より江戸へゆくを　参勤と云ふ

一　江戸にゐて日勤を　登城と云ふ

一　御暇《おいとま》出でて国に帰るを　勤息と云ふ

一　国に帰り居るを在国とも在府とも

一　江戸に居るを　在江《ざいえ》と云ふ

一　国に下り付くを　着府といふ

一　旅だちを　発駕《ほっか》と云ふ

一　家督始めて国に入るを　入府とも入国とも

一　御出《おんいで》を　御成《おなり》と云ふ

一　御振舞《おふるまひ》申し上ぐるを　御申しと云ふ

一　御見廻《おみまひ》申すを　御機嫌うかがふ

一　御わづらひを　不例といふ

一　死を　逝去といふ

右、下《しも》なる人の申すには、いづれも御《おん》の字を付けていふべし。

このほか詞多し。枚挙に遑《いとま》あらず。

これは平和になって戦陣のなくなった時代の武者言葉ということかもしれない。武者言葉の多くは和語だったのに、ここではすべて漢語になっている。改まった感じを出そうとするものか。

二…武士の言葉

「ふゥん、よう描《か》くのう。余は将監《しょうげん》の画はとくに好むが、うゥん……実に描《えが》いたものとは思われぬ……あァよう描いてある（と、またよく見て）はァ、松に雁《かりがね》じゃな（と、不審そうな顔つきで）松なれば鶴、葦に雁《かり》を描《か》くべき……将監ほどの者が絵空事は描《か》きおるまいが、松に雁《かり》というこの画の意味を存じおる者があるか？　どうじゃ？」

落語「雁風呂」の中での水戸光圀の言葉だ（圓生全集　第六巻）。落語や時代劇に出て来る武士は、それと分かるカタい言葉を使うことになっている。これは本当にあった違いなのだろうか。

大槻文彦『口語法別記』（大正六年刊）に、

しかし、江戸時代にわ、同じ江戸言葉の中で、町人言葉でも、山の手言葉、下町言葉、神田の職人言葉、吉原言葉、佃島言葉などそれ〴〵違って居た。武家の言葉の方でも、幕府の旗本言葉、御家人言葉、又わ、諸国から勤番する者わ別として、諸大名の江戸定府の家来の言葉などが、又異なって居た。

と、町人の言葉と武士の言葉とは違っていたことを認めている。

二百数十年続いた江戸時代だから、前期と後期との違いもあろうし、京阪と江戸との違いもあるだろう。

前期の例として、近松門左衛門の浄瑠璃での武士の言葉を見る。

享保六年（一七二一）初演の『女殺油地獄』（下）に、山本森右衛門という武士が遊郭で店を尋ねるのを、
これこれ物問はう。備前屋と申す傾城屋はいづ方《かた》、其の御内に松風殿と申す傾城、御存じならば教へてたべ。我ら当所不知案内、頼み入るとぞ堅苦し。

と描いている。漢語を用い、古語的、文語的な武士の物言いは「堅苦し」いのだ。

享保二年（一七一七）初演の『鑓《やり》の権三《ごんざ》重帷子《かさねかたびら》』（中）に、武士の笹野権三《ささのぼんざ》と茶の師匠の浅香市之進《あさかいちのしん》の妻のさゐとの会話がある。

（さゐ）「これはようこそ、お見舞ひと申し、子供方へとお心づき、珍しい御持参、折々玄関までお出で下されても、わざとお目に掛かることも無し。して御用とは何事か。親忠太兵衛までもなく、直《ぢき》にお話しあそばせ。」

と、距てぬ挨拶まめやかなり。権三、手をつき、

（権三）「御親切忝《かたじけな》し。忠太兵衛殿か、御舎弟甚平殿を以て申すはず。近ごろ粗忽《そこつ》の願ひな

がら、今度御祝言お振舞ひの御馳走、真の台子《だいす》の飾り、市之進殿お物語一通りは聞き覚え、いまだ指図絵図の巻物、伝授・口伝、許し印可を受けざれば、押し放して真の台子覚えたとは申されず。天下泰平長久の御代《みよ》、かやうのことを勤めねば、武士の奉公秀《ひい》でがたし。数年《すねん》の懇望《こんばう》、今度の大願、巻物拝見を許されば、生生世世《しやうじやうせぜ》の御厚恩。」

と額を畳に押し下げて、師弟の礼義見えければ

とある。これは改まった挨拶《あいさつ》なので堅苦しい語を用いている。この少し後には、

権三が声にて、

（権三）「ハア、誰《たれ》ぞ庭へ来たさうな。」

（さゐ）「ハテ昼さへ人の来ぬ所、夜更けて誰が来るものぞ。」

（権三）「イイヤ。今まで鳴いた蛙がぴっしゃりと鳴き止んだ。」

（さゐ）「アア、蛙もちと休まいでは。きょろきょろせずと、まづ巻物ども読ましゃんせ。

あれまた蛙が鳴きます。」

と言ふうちに（略）

（権三）「あれまたぴっしり鳴き止んだ。どうでも誰ぞあるは定《ぢやう》。ちょっと吟味。」

と刀おっ取り出でんとす。

（さゐ）「これやらぬ。三方は高塀《たかへい》、北は茨垣《いばらかき》、犬猫もくぐらぬに人の来る筈《はず》が無い。一人しての気遣ひ、さてはお前と私、かうしてゐるを妬《ねた》む女子《をなご》が喚《わめ》きに来る、その覚えがござんすの。」

（権三）「これは迷惑。さやうの覚え微塵《みぢん》も無い。」

（さゐ）「いやある、いやある。仲人《なかうど》が口を添へれば、つい埒《らち》のあくやうに、内証しゃんと締めてある。エエエエエ、女の身のはかなさは、うはべばかりに目がくれて、胸の内を知らなんだ。」

と、わっとばかりの腹立ち涙。

という、武士であることを感じさせない打ち解けた会話になる。

後期の武士の言葉については、文化八年（一八一一）に出た式亭三馬・楽亭馬笑『狂言田舎操』（上）に、

ハテ江戸《えど》訛《なまり》と言ふけれど、おいらが詞は下司下郎《げすげらう》で、ぐっと鄙《いや》しいのだ。正銘の江戸言《えどことば》といふは、江戸で生まれたお歴々の使ふのが本江戸さ。これはまた本の事《こつ》たが、何《いづれ》の国でも及ばねえことだ。然様然者《さやうしかれば》、如何《いかが》いたして、此様仕《かやうつかまつ》りましてござるなどと言ふ所は、しゃんとして立派で、はでやかで、実《げに》も吾嬬男《あづまをとこ》はづかしくねえの。京女郎と対句になるはずさ。

という説明がある。これは改まった場面での言葉だろう。

安永二年（一七七三）刊の笑話本『今歳噺《ことしばなし》』に「女郎」という噺がある。

堅いお侍が遊びにお越しなされ（略）「サアお床入り」と勧めた時に、「しからば、いづれも」と挨拶して寝間へ入ったが、「あんまりをかしい客ぢゃ。あれでは睦言《むつごと》が面白かろ」と皆聞き耳でうかがひ居れば、だんだん攻め寄せた時に、女郎が「アアいきやす、死にんす、死にんす」と言へば、お侍「身も相果てるやうだ」

堅苦しい武士の言葉を笑いの種にしているのだ。

安永八年（一七七九）ころに出た山手馬鹿人（大田南畝）の洒落本『道中粋語録《どうちゅうすごろく》』の序に、

学者の足下《そっか》、藩中《おやしき》の貴殿、侠者《きゃん》のおみさん、通のぬし、何《いづ》れもきさまはきさまなり。その返報に不佞《ふねい》といひ、身どもといひ、おれがといひ、わっちといふ。

とある。大名に仕える武士の「藩中」は、自分を「身ども」、相手を「貴殿」と言うのだ。

実際の江戸の武士たちの平素の言葉はどうだったのか。

岡本綺堂の随筆『戯曲と江戸の言葉』（『岡本綺堂江戸に就ての話』〈増訂版〉による）に次の発言がある。

それから武士の言葉であるが、これはちょっとむずかしい。何分にもその階級が多いからである。それに準じて言葉づかいもまちまちで、武士だか町人だか殆んど区別のつかないようなものもある。そうは云うものの、多年の習慣で武士には武士の言葉がある。商人と職人は町人の部であるが、その職人と武士とが一番ぞんざいな言葉をつかう。諸民の上に在るべき武士が職人同様の言葉を使うというのは、何だかおかしいようであるが、実際江戸の武士はぞんざいな物云いをする。「なんだ、べらぼうめ、この野郎。ぐずぐずしていると、引っぱたくぞ」こう云うと、まるで裏店《うらだな》の職人の言葉のように聞えるが、これが江戸の武士の日常普通の言葉である。御家人なぞの軽輩ばかりではない。かりにも殿様と呼ばれるような旗本格の武士もやはり其の通りである。（略）殊に勝海舟などと来たら私たちに対して「あなた」とも「君」とも云わない。すべて「お前」である。それも話がはずんで来ると「おめえ」になって「おめえなんぞのような若けえ奴に、江戸のことが判って堪まるものかよ」などと云う。これでその平生を察すべきである。併し、その武士がいざという時には、忽ちに「なんだ、べらぼうめ」を取り払って「仰せの通り、左様でござる」に早変りをする。

ここで例えにされた勝海舟の明治三十一年一月廿九日の談話の一部を掲げる。

ナニ心細いものか、マア一万円お出しよ、やって見せてあげるから。お前の所に、子供があるかエ。そして学校へやるだらふ。其子供がどうだエ、文明の学問だと言って、本ばかり読んで、高尚の事を聴かじって、口ばかしは上手だろう。そして、お前の言ふ事を聞くかエ。エ、ソレ御覧な。少しも聞きはすまい。そして、をやじは頑固で困るなどと言ってるよ。其子が、ソウ文明だ文明だと云ふてしゃべって居る中に、倉には蜘蛛の巣が一ぱいになって、遠からず家を倒して仕舞ふよ。ソレを大きくして考へて御覧な。国民がそうなのだ。西洋の理窟ばかし聞かじって、夫で皆な貧乏するのサ。西洋の方では何と言ふエ。あんまり賞めもすまい。お猿だと言ふじゃアないか。（巌本善治『増補海舟座談』）

勝海舟の父の勝小吉の自伝『夢酔独言』の本文は、

おれほどの馬鹿な者は世の中にもあんまり有るまいとおもふ故に、孫やひこのために話して聞かせるが、よくよく不法者、馬鹿者の戒めにするがいいぜ。おれは妾の子で、母親が親父の気に違って、おふくろの内で生まれた。

と始まっている。町人の言葉とあまり違わないようだが、「故」は武士でないと用いないかもしれない。会話で相手を言う語では、武士に対しては、

是は貴公の言葉にも似ぬ言ひ事かな。

足下は裏店神主《うらだな》なる故、何事も知らぬと見える。

おのし（主）らが先達《せんだって》中の狼藉の時、

そんなら貴様がよく岡野の諸親類へ咄《はな》すがよからう。

などと言い、農民たちには、

その方ども一同内談して下知の趣を聞き入れずして、銘々おのが身の用心ばかりして、

と言うなど、武士でないと使わないような語も見える。ただし、

手前は自分の前へ出て礼をしろ。

世間ではおまい（前）は豪傑だと言ふから、近付きに来た。

われには頼まぬ。

のような身分に関係無い語も用いている。

落語や時代劇の武士の言葉は、理想的なものとして強調してあるかもしれないが、現実の言葉を反映していると言えるようだ。

三…奴言葉・六方言葉

大阪の陣が終わり、平和になった元和・寛永（一六一五—四四）ころに、江戸の市中で、旗本・御家人の若い武士の中に、中間《ちゅうげん》・小者などの奉公人を率いて無頼な行いを好む者があり、正保（一六四四—四八）ころから盛んになった。「旗本奴」と言う。鉄砲組、笊籬《ざる》組、鶺鴒《せきれい》組、吉屋組、大小神祇組、唐犬組の六団体があったので「六方組」と呼ばれた。「六方」の語源については、御法《ごほう》（五法）を破る無法（六法）の意味とも言う。日尾荊山《ひおけいざん》『燕居雑話』（五）には、「伊勢安斎随筆云」として、「丹前立髪六方」について、「六方は彼の長き大小と、両の腕を六方へ振り出ると云ふ心なるべしと見えたり」とある。この「六方」は上下東西南北を言う。

旗本奴に対抗して、町人の中から生まれた侠客を「町奴」と言う。どちらも万治・寛文（一六五八—七三）ころが全盛だった。

河竹黙阿弥の歌舞伎『極附幡随長兵衛』に登場する幡随院長兵衛（元和八〈一六二二〉—慶安三〈一六五〇〉、一説に明暦三〈一六五七〉）は町奴、水野十郎左衛門成之（寛永七〈一六三〇〉—寛文四〈一六六四〉）は旗本奴の代表的な存在だ。

「大撫付髪（おおなでつけがみ）、惣髪（そうはつ）、茶筅髪（ちゃせんがみ）に、ビロード襟の着物などを着て、丈も膝（ひざ）のところぐらいまでにし、褄（つま）を跳ね返らせ、無反（むそり）の長刀を閂（かんぬき）に差し、大手を振って歩いた。」（『日本大百科全書』の「六方者」）。

これらの六方者は、独特な言葉を使った。奴言葉、六方言葉と言う。それは「だいたい当時の関東方言に近いものと推察されるが、人工的に修飾誇張された面も少なくない」（『国語学辞典』の「奴ことば」）。

今では、「六方」は、歌舞伎の「勧進帳」の最後で、弁慶が大きな飛ぶような動きで花道を入って行くのを「飛び六方」と言うことくらいしか知られていないのではないかと思う。勇ましさを表すのに、体や手足を大きく振り動かす誇張した演技が「六方（六法）」だ。

こちらの語源についてはさまざまな説があったが、折口信夫が「ごろつきの話」（『古代研究（民俗学篇）』所収）に、「併し、六法は、其以前からもあった。室町の中期頃に、六法々師と言ふものがあって、祭礼に練って歩いた。」と述べて以来、これが定説のようになったようだ。

少し調べたところでは、室町時代の六方とは、奈良の興福寺の修学者の若衆を六方衆と言った。これと芸能との関わりはよく分からない。郡司正勝『かぶき　様式と伝統』に、興福寺関係の資料に見える六方衆の芸能と関わる例は二つとある。これで存在すると言えるのか、それともほとんど無いというべきか。ここではほとんど無いということにしたい。

初代佐渡嶋長五郎（元禄一三〈一七〇〇〉―宝暦七〈一七五七〉）の芸談『佐渡嶋日記』には、六方は、名古屋山左衛門という浪人が、出雲の阿国と芝居興行をした時に、江戸吉原に通う風俗《ふり》をして見せたのから起こったとする。これは六方組の風俗を写したというのではないか。そうであれば、六方言葉を使うことになろう。

初代河原崎権之助《かわらざきごんのすけ》が歌舞伎について述べた『舞曲扇林』（元禄二年〈一六八九〉ころ刊）には、名《な》護屋山三《ごやさんざ》の下人にしか蔵（鹿蔵？）・猿二郎という者がいて、しか蔵はその身が生まれつきの奴《やっこ》で、座敷に出ても荒々しいことを言って興味があった。佐渡島の歌舞伎に貸して、奴をしか蔵が務めたことから鹿方《ろっぽう》と言った。六方も六法も誤りかと、かなりこじつけの説をあげる。

歌舞伎の六方言葉は、『歌舞妓年代記』（一）に、役者の中村伝九郎（寛文二〈一六六二〉―正徳三〈一七一三〉）が、曾我の芝居の朝比奈を演ずるのに、上方の言葉では似合うまい、関東べいにおかしい言葉があるだろうと、山出しでまだ江戸に慣れない乳母が「それ鉄砲があアべいとぎゃアるによって、早くのたくりつんでるこんだア。性《じゃう》はりな子だアもさア、言ふことをお聞きやり申さねえと、ちいちいに喰《か》ませるよ。」などと言ったのをまねて荒事を演じたとある。しかし、後に記す『六方こと葉』には、演劇の名乗りに用いたものを集めてあり、この本は寛文元年

（一六六一）刊かと言う。中村伝九郎の生まれる前から、舞台で六方言葉は用いられていたことになる。

奴言葉の作品

奴言葉は一時かなり流行して、それを用いた文芸作品が見られる。

万治二年（一六五九）刊の笑話本『百物語』（上）に、奴言葉で詠んだ奴俳諧の例がある。

近頃やっこはいかいとて人のしけるを聞きしに、冬の事なりしに、

髪水《びんみず》にあたまかっぱる氷かな

といふ句に又付けたる、

しゃっつら寒き雪のあけぼの

寛文元年（一六六一）刊かと言う『六方こと葉』には、演劇の名乗りに用いたものを集めてある。いくつか引用する。

六ほうこと葉　　梅川袖之介

一　かくつん出たる男《をのこ》は、韋提希夫人《ゐだいけぶにん》（インドで釈迦に教えを乞うた夫人）の情けを汲んで、弓

張月といふ倅《せがれ》、我と思はん者あらば、八幡《はちまん》かはいがって見たが良いはさ。

同六ほうことば　勝山万之丞

一　これさ稚児《ちご》、若衆《わかしゅ》に惚るるなど言ふは、歌を詠み、詩を作り、媒《なかだち》をもって伝ゆるを元とする。何ぞや其の方たちのやうに、坂東声《ばんどうごゑ》に訛りをくれうと、元結《もとゆひ》は大だてかけ、光をもってする次第は、八幡《はちまん》見たくないこんだぞな。

わかしゅ六ほう　玉村京之介

一　風前の塵と出た倅《せがれ》、夕べに生まれ朝《あした》に死す。武勇の虫の短い命、しかるにそれがし幼少にて二人の親に後れ、それより他門の手に渡り、生死涅槃《しゃうじねはん》の煙《けぶり》を受け、まことに浮世は定めなきよの芥川、心の塵を払はんと、しゃえん遊興の友集め、六方の知略、八方に回らす。刀は十代頼国光《らいくにみつ》、あてやが最後おざさの霰《あられ》たまらすっこんぢゃないぞ。

寛文七年（一六六七）に出た『清十郎ついぜんやっこはいかい』は、可徳という作者が奴言葉を用いて詠んだ独吟百韻の連句に定興がやはり奴言葉で判（批評）を付けた本だ。この本がさまざまな奴言葉を多く用いているので、後にこれを引用する。

寛文十二年（一六七二）に出た狂歌集『後撰夷歌集』（羈旅・七三八）に、次の一首がある。蕨《わらび》（埼玉県蕨市）の宿にて馬子どもの喧嘩するを見て、彼らが心をすなはち奴子《やっこ》詞にて詠みはべりし

手を出せろ折ってくれべい馬鹿面《ばかづら》めどこさ蕨の宿の馬方　行風

松尾芭蕉がまだ故郷の伊賀上野（三重県上野市）にいた寛文十二年に、地元の俳人たちの中心となって三十番の発句合の判者（審判）となって作った『貝おほひ』の十二番の、

小六方の木ざしや菖蒲刀《しょうぶがたな》の身　義子

の判詞に、「これさ爰許《ここもと》へ、小六方とほざけだいたる（大声で言い出した）でっちは、うるしいこんだ（嬉しいことだ）であるではあるぞ。」とあり、他にも数語見える。江戸から遠く離れた伊賀上野（三重県上野市）でも六方言葉を好んで用いたのが分かる。

寛文年間に『よし原六方』という、十五人の吉原の遊女の肖像に六方言葉で簡単な評を添えた本が出ている。これは郭言葉の章に記した。

『清十郎ついぜんやっこはいかい』

以下に『清十郎ついぜんやっこはいかい』（以下「奴俳諧」と略称する）で六方言葉を見て行く。まず序文と最初の二句とその判を掲げる。

よしや吉野の花だにも、とふ人あらばあだに散らなん。かはゆの清十郎がなれの果て、いざ追善の俳諧の一巻を集めん、尤《もっと》もよかんべいと思ひ寄り、地打ちの熊手に任せ、ひっ書き綴ると申せども、長刀の差し合ひ、太鼓持ちの打ち越しに、悪女の去り嫌ひも構ひ無い奴《やっこ》なれ。めったやたらにし散らし侍る俳諧ならし。しかはあれども賎《いや》しき言葉を種にふん蒔き、六草の道に入らん事を願ひ、まことに鼬《いたち》のてんを望む事、狐のあなをかしくもあるべいけれども、妙ないけ虫にとっつかれたと思し召して、墨をひんなすっておくりゃれちゃ。

若竹だ世に囃歌《はやりうた》や清十郎ぶし

鬼のちめ玉にも泪《なみだ》とはよく言《ゆ》ったもさ。奴の口でやさしくも俳諧を、清十郎が年も若竹の、世の歌の節に云ひかけ、かれが妻夫《めをと》のなれの果てを、事あはれにもとぶらふ百韻の巻頭《まきがしら》を、がいに面白う、生け肝にひっちみて、棒を二本ひんなぐり申した。

お夏の空に吠《ほ》ゆる郭公

此の句は、心程言葉は弱く足らないけれども、かの貫之と云ふ男が弾《はじ》き出だせし歌の序に、「小

奴の俳席（清十郎ついぜんやっこはいかい）

町と云ふ女郎《めらう》が歌は、なよなよと詠む、女の歌なればなり」とほじゃくを、お夏女郎に免じて、少しはほの字で、点をかけたちゃ。

右の文中で特色のある言葉を掲げ、それ以後の例を追加して掲げる。他の資料のその語についての記述を添える。

［助動詞］

ベイ（推量・意志）

尤もよかんべいと思ひ寄り、

狐のあなをかしくもあるべいけれども

『奴俳諧』には、

市とあれば定めて町奴のあだ名も立田

の川のよるべもない小奴の事だんべい。
季節のなきちゃ柴かきの歌の学文《がくもん》でこさんべい。
豆腐売るべい店を出す袖
夏のどう中とは定めて夏の最中と云ふことだんべい。
なべとり公家《くげ》の番にてあんべいな。
句作りのいきがたり申さない作りやうがあんべい。
推し申した、又哉《や》辻切だんべいな。
参宮をいざすべいとや勇むらん

などとある。

『後撰夷歌集』にも、「手を出せろ折ってくれべい」とあった。

イエズス会の宣教師ジョアン・ロドリゲス Ioão Rodriguez の『日本大文典』（一六〇四―〇八、長崎刊）の「関東又は坂東」に、

直接法の未来には盛に助辞 Bei（べい）を使ふ。（土井忠生訳）

とある。人名のように「関東べい」（山岡元隣『他我身之秋』（三・八）など）と言う。

ダ（指定）

若竹だ世に囃歌や清十郎ぶし

『奴俳諧』には他に、

田を返すかへすがへすもういわざだ

煎じ茶のあはれあはれ、此の女郎《めらう》が望みだ。

二句目にちとはいりいやだけれども、

車に塩汲みとは付けてほしいものだ。

後《のち》が笑止だ。

冷や水の清き付け心にて、長《なが》のてんこちない事だな。

打越《うちこし》の姫に此の君は差合《さしあひ》だ。如何《いかん》。二心と見えた、やだやだ。

父《てて》までもかはゆきものだ。

付け離れない句の仕立てだちゃ。

松葉でもいぶせないで奴のやさしいことだ。

などがある。

室町時代の漢文の講義録（抄物《しょうもの》と言う）で、指定の助動詞にダを用いているのは東国でのものとされ、関西でのものではヂャを用いている。どちらもデアルのルが落ちたデアが変化したもので、関西ではdea→dya、東国ではdea→daとなったのだ。

ナイ（打消）

此の句は、心程言葉は弱く足らないけれども、
袖の字又のめり病《やまひ》の差合とも一切好かない。
『奴俳諧』には他に、
あに奴の男立てにわたくしめらは好かないけれども、
句作り好かない。
句作りのいきがたり申さない作りやうがあんべい。
付け離れない句の仕立てだちゃ。
松葉でもいぶせないで奴の優しい事だ。
ちっともかすまないまつり事
とある。

ロドリゲス『日本大文典』の「関東又は坂東」に、「打消にはNu（ぬ）の代りに動詞Nai（ない）

を使ふ。」とある。

［終助詞］

モサ

よく言《ゆ》ったもさ。

文末にモサと言うのは、先に引いた『歌舞妓年代記』（一）の山出しでまだ江戸に慣れない乳母の言葉に「性《じやう》はりな子だアもさア」とあった。『奴俳諧』には、

霞む祇園の恋しいぞもさ

ともある。モサは「申さん」から変化したと言われる。

「ヤイもさめ。此の女郎、こっちへ貰ふ」（女殺油地獄・上）、「もさとは　場なれぬ人」（新撰大阪言葉大全）のように、名詞として、関東人、田舎者などをあざけって言うこともあった。文安二、三年（一四四五、六）成立の『壒嚢抄《あいのうしょう》』（一）に、「坂東ノマウサナリセバ、カクハ出ダサザラマシ」とあるのはこのモサの古い形とする説がある。

『嬉遊笑覧』（九）には、「もさは昔の坂東ことば也」と説明がある。

チャ

墨をひんなすっておくりゃれちゃ
　点をかけたちゃ

『奴俳諧』には他に、

柳が蔭《かげ》は日もさらぬっちゃ
　付け離れない句の仕立てだちゃ。

とある。

個人的な経験を記すと、文末にチャと言うのを、石川・富山地方で聞いた。北陸地方の言語は関西系だから、関東語に基づく六方言葉と関わるのだろうか。

［動詞の接頭辞］

動詞の上にヒッ、ヒン、ブンという接頭辞を付けて強調する。

ヒッ　ひっ書き綴ると申せども、
　生け肝にひっちみて

他にも、

こぶ柳となんひっつけて雪消えやらぬ此の句のけいき、
塩汲みに花車とは三句へひっぱりいしつこく候。
彼の行平とひっ契る袖
夜食を食らひの五位鷺の事までよくひっつけなされて、
柔らかなる身には朝腹にはあんとしても物がひっかけられ申すまい。
吉田の某《なにがし》の言っけごとく、筆をひったくれば物かんなじる事を思ひ、
野鉄砲の目あてもなく、ぬるっこき犬の石礫《いしつぶて》をひっかむに似申したごとく、
(「引き」の促音化も含む)

ヒン 墨をひんなすっておくりゃれちゃ。
棒を二本ひんなぐり申した。

他にも、
序文にぶん任せ墨をひんなじるは、

フン 賎《いや》しき言葉を種にふん蒔き、

以下の例からすると、これもブンかもしれない。

傾城にぶん向かひ居て物語り
塩汲みの桶にも月をぶんのぼせ
夜をこめてぶんでる旅の宿の内
海草を拾ふ小船にぶんのりて
序文にぶん任せ墨をひんなじるは（前出）

先の引用文中には無かったが、他に動詞に次のような接頭辞が付く。

チ　時鳥《ほととぎす》ちほゆるかたを詠《なが》めやれば星の親父の月ぞ残れると、
カン　さらぬ日の丸点かんなぐる。
千鳥かん鳴く寒き浜浦
筆をひったくれば物かんなじる事を思ひ、
ツッ　秋の蛍のえらつっ飛べり
つっ立つ春の四方《よも》のよそほひ
トッ　学文を身にとっちめてする比《ころ》に

恋の病《やま》ふのとっつくはうい

トチ　とち狂うてや遊ぶ新発意《しんぼち》

ブッ　ぶっきれる刀の鍛冶《かぢ》の参内に

カッ　所の名どもかっつきて、わっちめらは嫌で御ざある。

マ　永き夜食に鯲《どぢゃう》まくらふ

さはちを取ればまんはち（酒）をまくらふべきことをなん思ふごとく、

享保五年に猪苗代兼郁の著した『仙台言葉以呂波寄』に「一まくらふ　めしなどくふ事」とある。

ノッ　とっとと沖にのっちめた舟

クン　若き時は食鉢《めしばち》ともにくんのみ申した。

ウッ　どこでもやたらにうっ惚れ申すな。

世をうっちゃりし袖の哀れさ

ツン　置きあへず露のつんもる草の戸に

形見こそあだなる跡につん残れ

スッ　思ひきれどすっぱらぬくはせん刀

ツッ　つっ栄《さか》ふ代は源の花の春

撥音ンと促音ッが多い。ロドリゲス『日本大文典』の「関東又は坂東」に、「三河から日本の涯にいたるまでの東の地方では、一般に物言ひが荒く、鋭くて、多くの音節を呑み込んで発音しない。」とあるのは、あるいはこの促音、撥音の多いことを言っているのか。

〔動詞〕

ホエル　お夏の空に吠《ほ》ゆる郭公

ホエル（吠）は普通の語だが、郭公の鳴くのを言うのは奴言葉だけだ。

　　夜ひとひ吠えた松虫の声

は松虫にホエルと用いている。『日葡辞書』に、

Foye, uru, eta（ホエ、ユル、エタ）犬が吼える、牛がうなる、狼が吼える、など。また、比喩。
　幼い者や年若い者の泣くことを言う下品な言い方。

とある。それを鳥や虫にも用いているのだ。

ホジャク　女の歌なればなりとほじゃくを、

「言う、しゃべる」を罵って言う語。『奴俳諧』には、

　　その歌に春来とほじゃくは、

という例もある。

名残惜しいとほざくたはれ女《め》

春雨とあぜほざかない。

右はホザクの例、ホジャクはホザクの変化したものだろう。

ホゼル　まんはちをささと名付け、餅をかちんとほぜるごとく、

これも「言う」の意味だ。

ロ（命令形の語尾）

六条の宿の戸あけろ爰《ここ》あけろ

『奴俳諧』ではこれだけだが、『後撰夷歌集』に、

手を出せろ折ってくれべい馬鹿面《ばかづら》めどこさ蕨の宿の馬方　行風

とあった。

文永・弘安（一二六四―八八）ころ成立の『塵袋』（一〇）に、

坂東人ノコトバノスヱニロニ字ヲツクル事アリ。ナニセッロ、カセロト云フヲ

とある。今は活用語尾と扱っているが、本来は助詞と考えられる。

とくと吟味なさろ。

は通常はレなのをロとしたので、命令形の語尾ではないがここの入れておく。

［形容詞］

形容詞には、**ッコイ**となっている語がある。

春風もまださむっこき里

爰《ここ》には男だてのぬるっこく似合《にや》い申さねども、

ぬるっこき清水浴びて神祈り

目当てもなくぬるっこき犬の石礫をひっかむに似申したごとく、

敦盛《あつもり》の心の内のむしっこさ　（略）我までもむしっこく思ひ、涙《なだ》がこぼるる。

呑《の》むにす（酸）っこきこの濁り酒

ひやっこき水にて耳や洗ふらん

ぬるっこき犬の石礫《いしつぶて》をひっかむに似申したごとく、

オモシロイをふざけてオモクロイと言う。

きつくきつくおもくろい作り髭。

［副詞］

めったやたらにし散らし侍る俳諧ならし。

山々やめったやたらに霞むらん

三味線のべんべれつくの音聞きて

ひっからと照る月を待つ折にふれ

うっぽりと様を待ちぬる夕暮に

心はひょろらひょんと浮かれ女《め》

これらにも促音・撥音が目立つ。

［疑問語］

日本でかくにあぜに唐瘡《たうがさ》

あんちう事か暦のやうに書きなされたもさ。

融《とほる》の大臣とはあに紛れ御さらふ。

柔らかなる身には朝腹にはあんとしても物がひっかけられ申すまい。

あんでもたまらないで少しは奢りた。

春雨とあぜほざかない。

疑問語のナゼ・ナン・ナニがアゼ・アン・アニになっている。本来のナンも、

なんの閣思君《わざくれ》やる引出物

とある。

［名詞］

接頭辞の付いた人体語、

チ　鬼のちめ玉にも泪《なみだ》とは、

チは接頭辞か。

草花やいけて血目玉なぐさまん

君思ふ時は血腰も抜け果てて

からは「血」で、体に関する語に付けるものか。

イケ　生け肝にひっちみて、棒を二本ひんなぐり申した。

生け魂が空に仰天し、笠の台より枝裏まで響き

ドウ　どう腹や俄かにふっと下すらん

シャッ　雨の祈りをしたるしゃっ面《つら》

ソ　そ首をひねり小歌よむ秋

人体ではないが、ここに入れておく。

　夏のどうなかとは定めて夏の最中と云ふ事だんべい。

[見立て]

　短夜に星の親父の月澄みて

「月」を星の親父に見立てた。

　六方の目には、提灯を火事の玉子と見、月を星の親父と見て、山をちこぶ（地瘤）

　となん、奴歌草子までよく見申された。

「火事の玉子」（提灯）、「地瘤」（山）もそれぞれ見立てだ。

　春来るとほじゃくばかりにみ吉野の地瘤霞みて今朝は見たもさ

　わっちめらも以前は茶を青香煎と言《ゆ》って食べけ

抹茶を香煎（麦などを煎って粉末にしたもの）に見立てたもの。

［その他］

ホノジ　少しはほの字にて

惚れるを「ほの字」と言うことは郭言葉にもあった。どちらが起こりだろうか。

ナダ（涙）　我までもむしっこく思ひ、なだがこぼるる。

こぼるるなだの雨と降る塚

ナミダをナダとする。ただし、

鬼のちめ玉にも泪《なみだ》とはよく言《ゆ》ったもさ。

という例もある。

マンハチ　まんはちをささと名付け、餅をかちんとほぜるごとく、

さはちを取ればまんはちをまくらふべきことをなん思ふごとく、

酒のことだがなぜこう言うのか不明。

今日の野球で「かっ飛ばす」「ど真ん中」などと言うのは、こういう言葉の影響だろうか。

なお、同じような言葉で書いてあるものに、足軽・中間たちが戦場での経験を日常語で語る形

の『雑兵物語《ぞうひょうものがたり》』がある。成立は明暦三年(一六五七)以後天和三年(一六八三)以前、著者は不明だが、上州高崎(群馬県高崎市)の城主の松平信興《のぶおき》(寛永七〈一六三〇〉―元禄四〈一六九一〉)かという説がある。最初の数行を引く。

鉄砲足軽小頭　朝日出右衛門

杖をつっぱる役だからは、推量をも省みず、申すことを聞きめされよ。言ふまでは御座ないが、首にひっかけた数珠玉の結び目を襟のまん中へ当たるやうに繰り越しめされい。胸の通りに玉があれば、鉄砲がためられないもんだ。また常に角《かく》に向かってはじくやうに早くなはじきめさるな。とっくと魂をひっちめて、あだ玉をはじき捨てないやうにはなしめされう。

語っているのは六方者ではないが、下級の武士ということでは近い存在だ。ただしこの本にはモサは用いていない。

四…せんぼう

江戸時代の操り人形、浄瑠璃の芸人たちの間で行われた「せんぼ・せんぼう」という隠語があった。

昭和三十二年に出た前田勇『近世上方語考』の「文楽語彙――せんぼう考」の「一、文楽座楽屋用隠語は、もとセンボウと呼ばれていたこと」の節の最初に、

> 目をコッパリとか、鼻をシロザとかいう替言葉は、今はフチョー（符牒）と呼んでいるようだが、これはもともとセンボウという名で呼ばれていたのである。

と述べ、「東西今昔せんぼう集成」に、（文楽座）と記して当時用いていた多くの語を示している。昭和三十二年にも行われていたのだ。文楽座は昭和三十八年に朝日座と改称され、昭和五十九年二月に閉館となり、同三月に国立文楽劇場が開館した。人形浄瑠璃の演者はここで活動している。確認していないが、「せんぼう」は現在もその世界に生きているのではないかと思う。

「せんぼう」をまとめて掲げている江戸時代の本がいくつかある。

寛政六年（一七九四）刊の香具屋先生著『虚実《きょじつ》柳巷方言《さとなまり》』（中）に「せんぼ」の節があり、「多く

手摺《てすり》のせんぼをいふ。てすりとは操《あやつり》の楽屋人形つかひの事也」として、五十一語を記す。

享和元年（一八〇一）刊『戯場《しばい》節用集』に「せんぼ隠語」として、三十八語を掲げる。

享和二年（一八〇二）刊『楽屋図会拾遺』（下）に、「楽屋之占傍《がくやのせんぼう》」という題で、

　多くは操《あやつり》の楽屋より出でしものなり。その外、時々流行の言葉は定まりたる事なし。ここに
　表はすは定まりたる分なり。

として、三十九語を載せている。

享和四年刊の三笑亭可楽の笑話本『江戸真衛《えどまえ》』の「とふせいじん（当世人）」という噺に、男芸者の使う言葉として五十八語が出ている。

文化三年（一八〇六）刊の式亭三馬『小野𥶡譃字尽《おのがばかむらうそじづくし》』に、「何が不足でかんしゃくの枕言葉」として、百三語を載せ、「右の外、あまた尽くしがたし。◦とぐり（隠語）せんぼ、近年はやるゆゑ、ここに詳しくせず」と記す。

文政三年（一八二〇）以後成立の浜松歌国（号、颯々亭南水）著『南水漫遊拾遺』（四）に、「楽屋通言」の節があり、「操方の占傍」として、三十九語を挙げ、その後に「歌舞妓楽屋通言」として百三十六語を掲げる。後者は歌舞妓の語なので、上記の諸書で引いた語がある場合だけ「南水・歌舞妓」として引く。

太田全斎『俚言集覧』に、「せんぼ　カクシ詞也。夜をリョウ、目をコッパリ、遠をホウトイ、笠をハヂカノ、内をチウ」とある。

著者不明、文化元―五年（一八〇四―〇八）成立の『劇場新話』（上）に、「芝居ものかくし言葉」として十四語を載せるが、ここに引用する語は無い。

これらよりも古く、安永六年（一七七七）に出た半井金陵『当世芝居気質《かたぎ》』（一）の第一話は、京都の織屋の二男が義太夫の三味線に熱中して勘当され、芝居の世界に入るが、仲間にいじめられる話で、「言はれても芝居の隠語《せんぼ》《かくしことば》は知らぬ小息子」とあり、言葉でも苦労することが描かれている。

これらは芸人の世界での隠語で、なぜそう言うのかはほとんどが分かりにくい。ここには、語源の推定できる語、今でも通ずる語、洒落として面白い語だけを選んで掲げる。前記の六書を「虚実」「戯場」「楽屋」「江戸」「小野」「南水」と略して記す。なお式亭三馬の洒落本『辰巳婦言』、滑稽本『戯場粋言幕の外』、『浮世床』、楽亭馬笑との共著の滑稽本『狂言田舎操』には、会話にこれを用いている箇所がある。用例として引用する。

［人間関係］

わこと

「かか　わこと」（虚実）、「女ばうを　わこ」（江戸）、「女を　わこす」（楽屋）、「妻　わこと。わこ。わこ左衛門。わこざ」（小野）、「わこす　女の事」（南水）。

相手を言う代名詞の「わ」に「こと（事）」を付けたものか。『戯場粋言幕の外』（下）に、

　わことヲ○わこト略し、かかあ左ヱ門から出たるわこ左ヱ門を、又わこざトとぐる也。

と説明する。

たれ

「女（たれ）」（虚実）、「女のを　たれ」（江戸）。後者は女陰。「前垂れ」の略か。

たしわこと

「下女を　たしわこと」（楽屋）、「下女　ゆき。たしわこと」（小野）、「たしわこと　下女」（南水）。タシはシタ（下）の倒語。ワコトは女、妻。

　「たし《下》わこと《女》」の様なものもないはい」（浮世床・二上）

そくかけ（足掛け）

「てかけを　そくかけ」（楽屋）、「てかけ　そくかけ」（小野）、「そくかけ　妾」（南水）。妾を関

東ではメカケ（目掛け）と言うが、関西ではテカケ（手掛け）と言う。「手」を「足」に変えた。

此の上に「そくかけ《めかけ》」が「ぜける《出来》とも、そりゃめんめ《面々》の働きぢゃさかひ、ぜめ《おれ》の構うた事《こつ》ちゃないはいのう。（浮世床・二上）。

ちょうちょう（蝶々）

「女郎買ひに参ります事を、てふてふをまひに行くと申します」（江戸）。遊女を蝶に譬えたか。

よりと

「年寄を　よりと」（楽屋）、「ぢぢ　よりと」（小野）、「よりと　年寄」（南水）。トショリを逆にしたヨリトシの最後のシが落ちたもの。

「よりと《親》」なりゃこそ「えご《子》なればこそ、よう水向けてくれたぞいやい。」（浮世床・二上）。

どうじゅく（同宿？）

「友だち　どうじゅく」（小野）。「きさまを　どうじく」（江戸）。同じ家や宿にいることからか。

『江戸』は友達から相手を言う語になったか。

「どうじゅく《ともだち》」「つなが《見ろ》」っし（戯場粋言幕の外・下）。

いも（芋）

「坊主を、しのき、又いも」（楽屋）、「しのき又いも　坊主」（南水）。僧侶を罵る「芋掘り坊主」

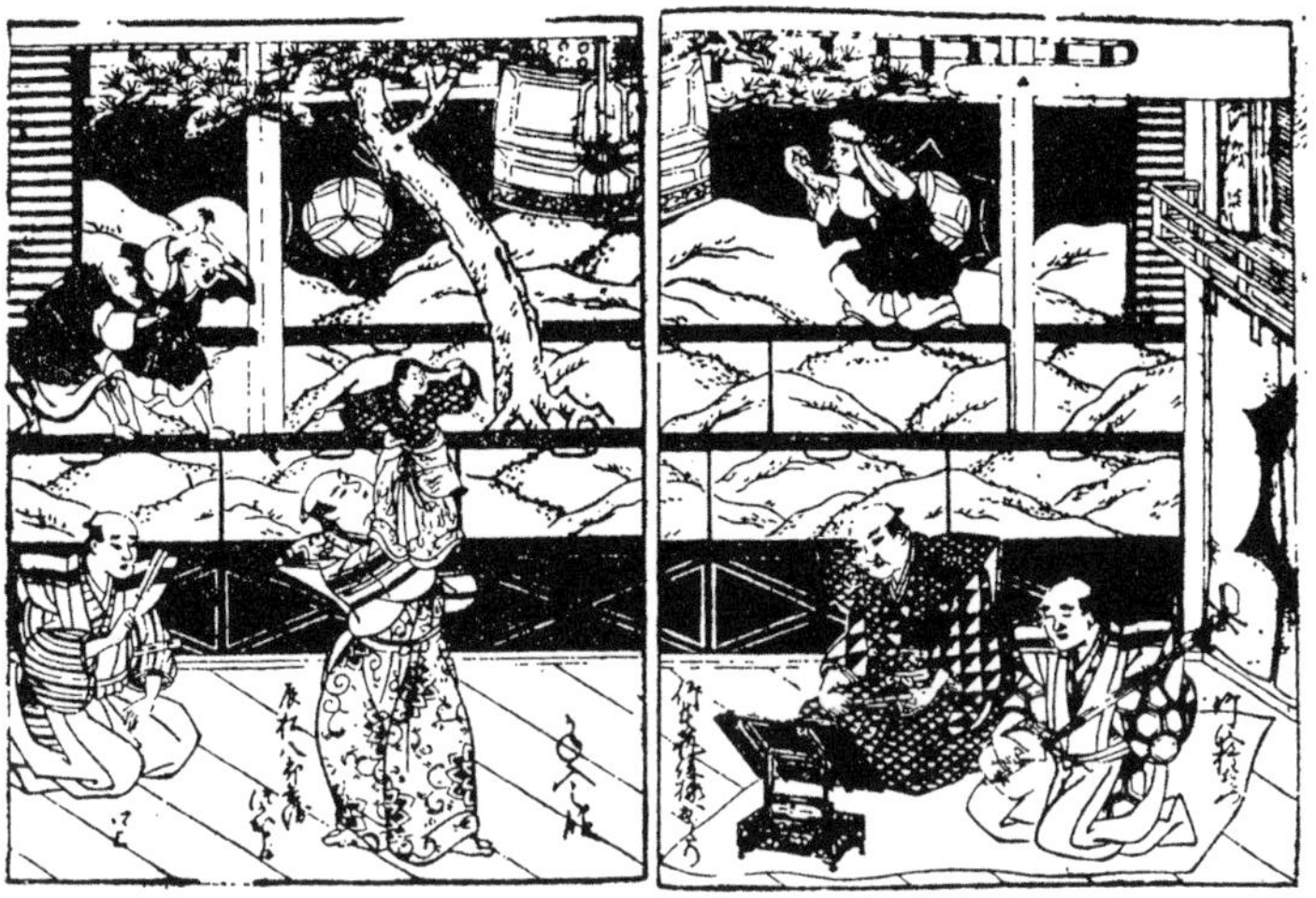

浄瑠璃の舞台（今昔繰年代記・下）

の略か。「しのき」は不明。

きんちゃく（巾着）

「巾《きん》ちゃく　きゃく」（戯場）、「客人を　きんちゃく」（江戸）、「客　きんちゃく。きんちゃ」（小野）。「巾着」は銭入れだから、金を出す観客や遊興客を譬えたのだろう。「客をさしてきんちゃく」（当世芝居気質・一・二）。キンチャはその略。

コレ「とんび《髪》」を「まつツ《結》」たから、何処へ出しても、お「きんちゃ《客》」様だ。（戯場粋言幕の外・下）

たろうしろう（太郎四郎）

「むまいわろ（間抜けな奴）　太郎四郎」（虚実）、「太郎四郎とは　しろ人のこと」（戯場）、「あほう　きんたろ。たろしらう」（小野）。四郎はシロウトの略か。

「これ太郎四郎《しろと》。日《にち》りんがいなぢゃ。入れて来て下あれ」と、言はれても芝居の隠語《せんぼ》《かくしことば》は知らぬ小息子、「エはいはいなんでござります」とうろうろするに、「きつい金十郎《きんじふろ》《あはう》ぢゃ。『火がない、入れてくだされ』といふ事ぢゃ」（当世芝居気質・一・二）

むごく太郎四郎《たろしろ》にされるはい（太郎四郎とはたはけの事）（浮世風呂・三下）。

どん

「牽頭持《たいこもち》を　どん」（楽屋）、「たいこもち　どん」（小野）、「どん　たいこ持」（南水）。太鼓持（幇間）だからドンだ。

ずる

「芸子を　づるかぢり」（楽屋）、「三味せん引　づるかぢり」（小野）。三味線を弾くことを「三味ずる」と言ったことによる。

　床芸者ずるにかけてはにちう（未熟）なり」（柳多留・八）。

はちや（八屋）

「しちやのことを　八屋」（江戸）。七（質）を一つ上の「八」と言った。「質入　はちをかめる」（小野）。

　こいつア「はちや」へ「かめ」たくせが、兎角《とかく》うせねエ（はちやへかめるとは質の事なり）（辰巳婦言）。

［人体］

おか

「おか　きりやう」（戯場）、「顔を　おかのしろ」（楽屋）、「顔　おかのしろ。おか」（小野）、「おかのしろ　顔」（南水）、「おか　顔」（南水・歌舞妓）。カオの倒語。シロは「鼻」。『新撰大阪詞大全』にも「をかとは　かをのこと」。

内みすの「ささ《四ささきトモ云フ》」に居る「がんどうゆき《やしき女中》」は「をか《顔》」は「半兵え《わるい》」だが、「むき《衣装》」が「助右ヱ門《上上》」だの。（戯場粋言幕の外・下）

しゅみ（須弥）

「あたま（しゅみ）」（虚実）。「須弥山」は仏教で言う世界の中心にある山。人体の中心の高い所ということか。「あたまを　しみけん」（江戸）は変化したものか。

こっぱ・こっぱり

「目（こっは）」（虚実）、「目を　こっぱり」（楽屋）、「目を　こっぱり」（江戸）、「目　こつはり」（小野）、「こっぱり　目」（南水）。「目をコッパリ」（俚言集覧）。理由不明。顔の語で目は洩らせないので挙げた。以下同様。

どて（土手）

「鼻（どて）」（虚実）。理由不明。

しろざ（四郎左）

「鼻を　しろざ」（楽屋）、「鼻　しろざ」（小野）、「しろざ　鼻」（南水）。宝暦十一年（一七六一）刊の『くだまき綱目』に「四郎左ヱ門」とあり、意味を記さない。「しろざ」はこれの略だろう。理由不明。

そこにゐるわろ（男）をつないだ所が、「しろざ《鼻》の「やっかいな《大きな》「しのき《坊主》殿や、「ちく《くち》の尖った「しんでん《男》ばかり、「ぜけて《見居》、「わこ《女》」も無《なけ》にゃ、「えご《小児》も「ぜけん《見えぬ》。（浮世床・二上）。

さんがつ（三月）

「鼻を　三月」（江戸）。花（鼻）の咲く時期ということか。

くがつ（九月）

「耳を　九月」（江戸）。三三（みみ）で九か。

ちく

「口（ちく）」（虚実）、「口を　ちく」（楽屋）、「口　ちく」（小野）、「ちく　口」（南水）。クチの倒語。『浮世床』の例を「しろざ」に引いた。

さへいじ（佐平治）

「口を　佐平治」（江戸）。『虚実』に「左兵治」とあるが説明なし。理由不明。

えんこう（猿猴）

「手を　ゑんこう」（楽屋）、「手を　ゑんこう」（江戸）、「手　ゑんこう」（小野）、「ゑんこう　手」（南水）。「えんこう（猿猴）」はサル、特に手長猿。それで手を言うのだろう。

月経を「えんこう」と言ったことは「忌み言葉」に記した。

ろっぷく

『虚実』に「その外、左平治　三四郎　六ふく　かまるなんど、よく人の知る所也」と意味を記さない。腹。フクロ（袋）の倒語に促音「っ」が加わったもの。『新撰大阪詞大全』に「ろっぷくとは　懐胎《はらむ》のこと」とあるのは、意味が拡大したもの。

　イヤイヤおいらは六服《ろっふく》《はら》が空《そり》ひい《ひだるい》、飯喰《さいこもぢら》ふ《めしくはう》」（当世芝居気質・一・一）。

たこ（蛸）

「あしを　たこ」（江戸）。タコは足が多い。

すそく

「足を　すそく」（楽屋）。「足　すそく」（小野）、「すそく　足」（南水）。「素足」か。

「すそく《足》」のばして「せぶった《寝》」はいやい（浮世床・二上）。

だいざ（台座）

「臀《しり》（だいざ）」（虚実）。胴体を乗せる台ということ。歌舞伎『幼稚子敵討《おさなごのかたきうち》』（六）に、

　脳頭《なうとう》から台座まで唐竹割り（真っ直ぐに割ること）ぢゃ。

とある。

しちべえ（七兵衛）

「尻を　七兵衛」（江戸）。「尻　しちべい　七兵ヘヲかける」（小野）。理由不明。

　モット　「七兵衛《しり》」を高くまくりねえ（辰巳婦言）

［飲食物］

さいこく（西国）

「めし（さいこ）」（虚実）、「さいこ　めし」（戯場）、「飯《めし》を　西国」（楽屋）、「おめしを　さいこう」（江戸）、「飯《めし》　さいこく。さいこ。さいこぼう」（小野）、「西国　飯」（南水）。九州地方で産出した米を「西国米《さいこくまい》」と言ったのによるか。「ろっぷく」の箇所に引いた『当世芝居気質』に、「飯喰《さいこもぢら》《めしくはう》ふ」とあった。

　宿へ「そり《かへり》込んだ所が、又「さいこ《こめのめし》ぼう（西国の略）「もぢり《食》たくなったゆゑ、朝の

「じんだい《みそしる》のあまりと、「きらト《香の物》「おしぐすり《唐がらし》を「あてにして《菜の物》、「ささきか《四膳》「かたこ《五膳》「のせた《食》はいのう（浮世床・二上）。

明治五年に出た仮名垣魯文『安愚楽鍋』（三上）に、落語家が「どうかこれでおさけはちょんと、くぎりの飯《さいこ》をしめるとしやせうじゃアごぜへせんか」と言うところがある。明治になっても芸人が用いていたことが分かる。

あて（当て）

「あて　さい」（戯場）、「あて　飯のさい」（南水・歌舞妓）。副食物。おかず。主食に当てて出す物の意か。「さいこく」の箇所に引いた『浮世床』に「朝の「じんだい《みそしる》のあまりと、「きらト《香の物》「おしぐすり《唐がらし》を「あてにして《菜の物》、」とあった。牧村史陽『大阪ことば事典』に「酒やビールのさかな。または、食事の副食物。」とあり、今も関西で用いる語だ。

　ホオ今日はなんと思うてぢゃ、大《やっかい》《おほきい》な菜《あて》《さい》ぢゃな（当世芝居気質・一・一）。

きら（吉良）

「香《かう》のものを　きら」（楽屋）、「香の物　きら」（小野）、「きら　香の物」（南水）。「吉良上野介」を「香漬け」にもじったもの。「さいこく」の箇所に『浮世床』の例を引いた。

さんねん（三年）

「味噌（さんね）」（虚実）、「みそ　三ねん」（小野）。仕込んで三年かけて熟成した味噌。

にしのみや（西宮）

「鯛《たひ》を　にしのみや」（楽屋）、「鯛　にしのみや」（小野）、「西の宮　鯛」（南水）。兵庫県西宮市の西宮神社は恵比寿神の本社。恵比寿神は鯛を抱えている。

おしぐすり（押し薬？）

「たうがらしを　おしぐすり」（楽屋）、「とうがらし　おしぐすり」（小野）、「おしくすり　唐がらし」（南水）。「押し薬」は油で練った膏薬。唐辛子が入っていたのか。『浮世床』の例を「さいこく」の箇所に引いた。

せいざぶろう（清三郎）

「酒（せいざ）」（虚実）、「酒を　赤むま、又せいざ」（楽屋）、「酒を　清三」（江戸）、「酒　清三郎。せいざ。ざぶらう」（小野）。「清酒」を擬人化したか。『戯場粋言幕の外』（下）に、「酒の事を清三郎、略して清三と云ふ。ざぶらうともいうて古めかしきゆゑ、○せいなどと又略してつかふ也」と説明がある。

あかうま（赤馬）

「酒を　赤むま、又せいざ」（楽屋）、「赤馬又せいざ　酒」（南水）。酒を飲むと顔が赤くなるからか。

濁酒《どぶろく》を「白馬」と言うのも関わるか。尾崎紅葉『三人妻』（一〇）に、

　世中《よのなか》の楽《たのしみ》は山本《ふもと》の五郎兵衛《ごろべゑ》が宿で売る赤馬《あかうま》を、茶椀で五杯牛飲《あほる》を此上なしと心得たる

とある。

しぶたら

「茶を　しぶたら」（江戸）、「茶　しぶたら」（小野）。「しぶ」は渋、「たら」は湯のことか。『小野』に、「湯屋《ゆや》　たろく」とある。

　トキニ「せいざ《酒》」を「やっかい《多く》」に吃《きっ》したせいか、スコ「しぶたら《茶》」と出てえが（辰巳婦言）

［道具・衣類］

うかし（浮かし）

「舟　うかし」（小野）。水に浮かす物の意。

「うかし《舟》」を「しこらへ」て、「やん《女郎》」を「舞《かひ》」てえ。（戯場粋言幕の外・下）

うき（浮き）

舟。こちらは「浮き木」の略とも言う。

「どうじゅく《ともだち》」は「うき《舟》を「しこらへ《こしらへ》させて、「やんまひ《女郎を買ふこと也》に（女郎を「やんといふ。買ふことを「舞

ふと云ふ）「かまったなれど」（浮世床・二上）。

かんてら　「火《行》　かんてら」（小野）。外来語のカンテラで、必ずしも隠語ではなかろう。

にちりん（日輪）

「火日　（日りん）」（虚実）。日輪は太陽、日。それを同音の火に用いた。

これ太郎四郎《しろと》、日りんがいなぢゃ。入れてきて下あれ。（略）火がない、入れてくだされと
いふ事ぢゃ（当世芝居気質・一・二）。

にってん（日天）

「たどん　にってん」（小野）。「日天」は太陽。黒く丸い炭団《たどん》を逆に明るい太陽と言った。

「にってん《たどん》」が幽霊になるまでまだ来《こ》ねえとは、あんまりばかばかしい（辰巳婦言）

ぐるり

「帯を　ぐるり」、「おびを　ぐる」（江戸）、「帯　ぐる廻し。ぐる」（小野）、「ぐるり　帯」（南水）。
ぐるりと巻き付ける物。

しかし「帯《ぐる》」を取って、真裸《まっぱだか》もいい（辰巳婦言）。

はっぴ（法被）

「羽おりを　はっぴ」（江戸）、「羽おり　はっぴむき」（小野）。この「法被」は、武家の中間な

どの着た羽織の一種か。印半纏か。

［金銭］

おおげん（大現？）

「小ばんを　大げん」（江戸）、「小ばん　大げん」（小野）。ゲンは現金、現なまの略か。大判は贈答用だから実生活では小判が最大の貨幣だった。

「大げん《小判》」「めへびき《二両》」は「まかる《借》」ぜえ。（戯場方言幕の外・下）

こげん（小現？）

「小つぶを　小げん」（江戸）、「小つぶ　小げん」（小野）。小判が「大」なのだから、小粒（一分金）は小現になる。

「ごうま」（前に「金が有る」とある）なら「白おやまこ《南鐐三片》」、但しは「小げん《金》」「へい《百疋》」「まかり《借》たえ。

（戯場方言幕の外・下）

しろ（白）

しろ（白）「南鐐　しろ」（小野）。「南鐐《なんりょう》」は銀。これは貨幣の二朱銀（一両の八分の一）。銀貨なので白いのだ。右の「こげん」に例がある。

しんたろう

「銭　しん太郎」（楽屋）、「銭　しん太郎。しんた」（小野）、「しんたら　銭」（南水）。「銭（しんた）」（虚実）、「ぜにを　太郎」（江戸）はその略。理由不明。

其の日は「しんた《晋太郎の略》《ぜに》が「ぜけた《あり》」さかひ、「やっかい《たくさん》に「せいざ《酒》「のせ《のむ》」たはいやい（浮世床・二上）。

とくとら（得虎）

「損料を　とくとら」（江戸）。「得」の反対は「損」、「虎」に対するのは「龍《りょう》」でソンリョウになる。

『船頭新話』に、

ねっからきかねえ。どうぞ月ありか徳虎《とくとら》でもくたばればいい（月ありとは日なしかし、徳虎とは損料貸をいふ）

とある。「日なし」は毎日少しずつ支払って元利を返す借金。「日無し」なら「月あり」となる。金銭関係なのでここに入れた。

［数］

へい（平）

「一（へい）」（虚実）、「一つを　平」（江戸）、「壱　へいせいし。へい」（小野）。平らな字ということか。

まゆひき（眉引き）

「二つを　まゆひき」（江戸）、「弐　まへびき」（小野）。眉墨で眉を描く「眉引き」は左右二つの眉に行うからか。マヘヒキは「前引き」と考えたものか。「二（まくひき）」（虚実）は誤りか。『戯場方言幕の外』（下）には、

　「大げん《小判》」「めへびき《二両》」は「まかる《借》」ぜえ、

と、さらに崩れた形がある。

おやまこ

「三（おやまこ）」（虚実）、「三つを　おやまこ」（江戸）、「三　おやまこ」（小野）。理由不明。「こげん」に『戯場方言幕の外』の例を載せた。

ささき（佐々木）

「四つを　ささき」（江戸）、「四　ささき。ささ」（小野）。佐々木氏の紋所の四目結《よつめゆい》による。『浮世床』の例を「さいこく」に記した。

よつほし（四つ星）

「四（よつほし）」（虚実）。沼田頼輔『日本紋章学』に「四つ星」は見えない。

かたこ
「五つを　かたこ」（江戸）、「五　かたこ」（小野）。片拳《かたこぶし》の略。「五（いたこふし）」（虚実）は「かたこぶし」の誤りか。五本の指を全て折った片方の拳の意。『浮世床』の例を「あて」に載せた。
さなだ（真田）
「六つを　さなだ」（江戸）。真田氏の紋所の六文銭《ろくもんせん》による。
むつぼし（六つ星）「六　むつぼし」（小野）。戸田氏などの紋所。
ぬま（沼）
「七つを　ぬま」（江戸）。田沼氏の紋所の七曜による。これだけが上略なのは、天明六年（一七八六）まで権勢を振るった田沼意次を意識してのことか。

［その他］
すい（水）
「すい　あめ」（戯場）。雨は水だ。
ちう
「せんぼ（略）内をチウ」（俚言集覧）。ウチの倒語。盗賊の隠語では住居、家を言う（楳垣実『隠語辞典』)。

れき

「彼《かれ》とさす事を　れきトいふ」(小野)。コレ(此)の倒語のレコが変化したもので、物をわざとぼかして言うのに用いる。この語は古く、延宝五年(一六七七)刊『もえくゐ』に、「しぼめるれきの、かり無くて匂ひ残れるがごとくなるをも(この例は男根)」とある。『浮世風呂』(四中)には、

裏借家《うらじゃくや》は(ト、口を指さして)れきまがうるさいはいナ。

とある。これは隣人の口がうるさいの意。『俚言集覧』に、「れきま　大坂詞、れその同じ」「れそ　霞亭北条氏曰く、鄙言にあらはに言ひがたき事を某《そ》レといふのそれを顚倒していへる乎《か》。又レコサとも云ふ」とある。

[動詞]

いれる(入れる)

「いれる　のむ」(戯場)。腹に入れるのだ。『新撰大阪詞大全』に「いれるとは　酒を呑《のむ》こと」とある。

我《ぜめ》《われ》も飲《いれ》《のむ》るか(当世芝居気質・一・一)

かまる

『虚実』に「（前略）かまるなんどよく人の知る所也」として注は無い。行く、来るの意。「罷《まか》る」の倒語。「行く　まかる」（小野）は本来の形を載せている。

『浮世床』（二上）には、「うき（舟）」に引いた例の他に、

「ぜめ《おれ》が「えんこう《手》」取って、此方《こち》へ「かまれ《来》、かまれと云うて

などとある。

しこらえる

「拵る　しこらへる」（小野）。「拵《こしら》える」の上の二音を逆さにした。『戯場粋言幕の外』の例が「うかし」の箇所にある。

せぶる

「ねる事を　せぶる」（江戸）、「寝る　せぶる」（小野）。「臥《ふ》せる」のフ・セを逆さにしてフを濁音にした。「すそく（足）」の箇所に『浮世床』の例を引いた。

つなぐ（繋ぐ）

「見る事　きく事　つなぐ」（小野）。理由不明。

「どうじゆく《ともだち》」「つなが《見ろ》」っし（戯場粋言幕の外・下）。

てつ（鉄）

えらい鉄なア（鉄とは詞のなまるをいふ。浄瑠璃語りの方言也。按ずるに、鉛を鉄に転じたる所謂《いはゆる》トグリ（隠語や語呂合わせ）なるべし）（狂言田舎操・上）。

説明はこの注記で十分だ。

とちる

どうぢゃい、どうぢゃい。板左衛門、何をトチリくさるぞい（板左衛門とは太夫を罵《ののし》る詞。トチリとはうろたへて拍子の違ふ事也）（狂言田舎操・上）

今も失敗するの意味にトチル、ドジルと言うのは、元は芸能関係の語だった。

室町時代から、あわてふためく、うろたえるの意味のトチメクという語があった。江戸初期から、あわてることを「橡麺棒《とちめんぼう》を振る」とも言った。「橡麺棒」は橡の実と小麦粉を混ぜて麺にするのに使う棒で、手早く使わないと冷えて固まるので、あわてることを言うようになった。この二つ、あるいはどちらかがトチルの語源だろう。

のせる（乗せる）

「食ふ　のせる」（小野）。膳に乗せることか。「食う」の例は「あて（副食物）」に、「飲む」意味の例は「しんたろう（銭）」に載せた。

みそあげる（味噌上げる）

「みそあげる　じまん」（戯場）。「手前味噌」と同じで、自家製の味噌は良いと自慢する意か。あるいはせんぼうではなく、一般に用いている語かもしれない。

りしませぬ

「しらぬ　りしませぬ」（小野）。「知りませぬ」の上二音を逆にした。

りしませんことも合点《がてん》がゆき（当世芝居気質・一・二）

イイエまだりしやせん。又おめへ「与太郎《うそ》ぢゃアねえか」（辰巳婦言）。

［形容詞］

いな

「いな　ない」（戯場）。「無い」の倒語。『当世芝居気質』（一・二）の「日りんがいなぢゃ」を「日輪（火）」の箇所に引いた。

くろい（黒い）

「上手　くろい」（小野）。「くろうと（玄人）」のクロで、老練の意。

しろい（白い）

「いたらぬ　しろい」（小野）。「しろうと（素人）」のシロ。経験に乏しいことだ。『新撰大阪詞大全』にも「しろいとは　素人《しろと》のこと」とある。なお『江戸』に「悪い事を　白い」とあるのは、潔白の逆を言ったものか。

だいこん（大根）

「下手　だいこん」（小野）。「大根役者」の大根で、「大根ノ根ハ白キ故、しろうと（素人）ノしろニ寄セテ云フトゾ」（大槻文彦『大言海』）、「大根を食ってあたったためしがない、芸もあたらない下手なというが明らかにしない。」（演劇百科大辞典）などの説がある。

しろもくない

「面白くない　しろもくない」（小野）。一部を逆さにした。

ほうとい

「せんぼ（略）遠をホウトイ」（俚言集覧）。「とほ（遠）い」を逆にしたものか。

これまでにもいくつかあったが、「せんぼう」には、人名めかした語が多い。言う理由はほとんど分からないのだが、知り得た語を記しておく。

いたざえもん（板左衛門）

「どうぢゃい、どうぢゃい。板左衛門、何をトチリくさるぞい（板左衛門とは太夫を罵《ののし》る詞。）」（狂言田舎操・上）。（例は「とちる」に引いた。）

きすけ（喜助?）

「わるき事　すけしろ。きすけ。はんべい」（小野）

きゅうしち（久七）

「久七　さば」（戯場）。「オオ雑用場で久七《さば》あげておいた。」（当世芝居気質・一・一）。

きら（吉良）

「香《かう》のものを　きら」（楽屋）、「香の物　きら」（小野）、「きら　香の物」（南水）。「吉良上野介」を「香漬け」にもじったもの。（前出）

きんじゅうろう（金十郎）

「ばかを　金十郎（たいこうともいふ）」（江戸）

きつい金十郎《きんじふろ》《あはう》ぢゃ。火がない、入れてくだされといふ事ぢゃ（当世芝居気質・一・一）

きんたろう（金太郎）

「あほ　金太郎」（虚実）、「金太郎とは　よい男の事」（戯場）、「愚人《あほう》　きん太郎」（楽屋）、「あほう　きんたろ。たろしらう」（小野）。『戯場』の「よい男」は反語か。

げんしろう（源四郎）

「どろぼうを　源四郎」（江戸）。黄表紙『金々先生栄花夢』に「手代の源四郎」が登場し、「手代源四郎、初めは金々先生をそそなかし、多く金銀を使はせ、その余りは皆我が手へくすねける。よって物を盗むことを源四郎とは申すなり」とあるのは、この語を用いたギャグ。

さいこぼう（西国坊）

「飯《めし》　さいこく。さいこ。さいこぼう」（小野）。「西国米」を擬人化した。（前出）

ささき（佐々木）

「四つを　ささき」（江戸）、「四　ささき。ささ」（小野）。佐々木氏の紋所の四目結《よつめゆい》による。（前出）

さなだ（真田）

「六つを　さなだ」（江戸）。真田氏の紋所の六文銭《ろくもんせん》による。（前出）

さへいじ（佐平治）

「口を　佐平治」（江戸）。（前出）

さんしろう（三四郎）

「三四郎《ろ》（注ナシ）」（虚実）、「さみせんを　三四郎」（江戸）。三味線の三からか。

しちえもん（七右衛門）

「坊主　七右衛門」（虚実）。

しちべえ（七兵衛）

「尻を　七兵衛」（江戸）。「尻　しちべい　七兵ヘヲかける」（小野）。（前出）

しゃむたろう（しゃむ太郎）

しゃむ太郎《みすぼらしい》ぢゃナア（狂言田舎操・上）。

しろざ（四郎左）

「鼻を　しろざ」（楽屋）、「鼻　しろざ」（小野）、「しろざ　鼻」（南水）。（前出）

しんたろう

「銭　しん太郎」（楽屋）、「銭　しん太郎。しんた」（小野）、「しんたら　銭」（南水）。「銭（しんた）」（虚実）、「ぜにを　太郎」（江戸）。（前出）

しんぱち（新八）

「ばば　新八」（虚実）。

しんべえ（新兵衛）

「ひどいめにあはす（新兵衛しくうす）」（虚実）

すけえもん（助右衛門）

「女子の器量のよいを見てはおかのしろが助右衛門といひ、わるいは助四郎といい」（当世芝居気質・一・二）、「美しい　助右衛門」（虚実）、「善事《よきこと》を　助右衛門」（楽屋）。「すけゑとは　よいといふこと」（戯場）はこの略か。

すけしろう（助四郎）

「わるい事　助四郎」（虚実）、「すけ四郎とはわるい」（戯場）、「悪事《あしきこと》を助四郎」（楽屋）、「わるき事　すけしろ。きすけ。はんべい」（小野）

せいざぶろう（清三郎）

「酒（せいざ）」（虚実）、「酒を　赤むま、又せいざ」（楽屋）、「酒を　清三」（江戸）、「酒　清三郎。せいざ。ざぶらう」（小野）。清酒の意味か。（前出）

たいこう（太閤？）

「ばかを　金十郎（たいこうともいふ）」（江戸）。

たろう（太郎）

「鯉を　たらう」（小野）

たろうしろう（太郎四郎）

「むまいわろ（間抜けな奴）　太郎四郎」（虚実）、「太郎四郎とは　しろ人のこと」（戯場）、「あほ

う　きんたろ。たろしらう」（小野）。（前出）

たろく（太郎九）

「湯屋《ゆや》　浄るり。たろく」（小野）。

とじえもん（閉右衛門？）

「婆《ばば》　とち右衛門」（虚実）、「とぢ右衛門　ばば」（戯場）

はんべえ（半兵衛）

「わるき事　すけしろ。きすけ。はんべい」（小野）。「熱鉄の熱燗《あつがん》を三度ヅツのせるによって、「はんべ《反兵衛》《わるい》な事ないはいやい」（浮世床・二上）。

ひこしち（彦七）

「侍《さむらい》　彦七」（虚実）。

まごえもん（孫右衛門）

「たばこ　孫右衛門」（虚実）、「たばこを　孫右衛門」（江戸）。「たばこ　まごゑむ」（小野）。

モシちっと「孫右衛門《たばこ》を「孫三《まござ》《かわかし》」としてえ（辰巳婦言）。

まござ（孫左）

「ただ　まごさ」（虚実）、「もらふ　まごさ」（小野）。右の『辰巳婦言』にもあった。

またじろう（又次郎）

「又次《瘡毒》郎で、し《鼻》ろざがは《落》ねかかりだ」（狂言田舎操・上）。

よたろう（与太郎）

「うそを　与太郎」（江戸）。「うそ　与太郎あがく」（小野）。「与太郎」は江戸落語では愚か者なのだが、擬人名として嘘つきを言うこともあったのか。嘘つきはたいていは「弥二郎」だ。

わこざえもん（わこ左衛門）

「妻　わこと。わこ。わこ左衛門。わこざ」（小野）、『戯場粋言幕の外』（下）に「わことヲ〇わこト略し、かかあ左ヱ門から出たるわこ左ヱ門を、又わこざトとぐる也」（前出）

こういう芸能界での隠語は、現在も、演劇、寄席、映画、ラジオ、テレビなどの世界で行われているのではないかと思う。三代目三遊亭金馬（明治二七―昭和三九）の『浮世断語』に「符牒の語源」の章があり、落語家のもの、それ以外のものを色々説明してある。これまでの「せんぼう」と通ずるものを、いくつか引用する。

「今夜はスイバレだからキンチャンカマルよ」

雨のことが水で「スイ」、降ることを「バレル」、「キンチャン」は金を持ってくるので客のこと。「カマル」は加えるで客が多くくる。

キンチャンはせんぼうのキンチャクで、カマルは「罷《まか》る」だろう。スイは前出。

咄家は女のことを「タレ」、男を「ロセン」。

このロセンは露先と書く。楽屋の男便所に張り紙がしてある。

「朝顔の外にこぼすな棹の水」

「露先に注意」

男女性器のこともタレ、ロセンという。（略）女のタレにもいろいろ階級があって、若い小娘、おぼこ娘を「シンダレ」、年増を「マダレ」、年寄り「バアダレ」、芸者が「シャダレ」、女郎は「チョウチョウ」、女郎買いは「チョウマイ」。これも「蝶々」「蝶舞」と書くらしい。女房、人妻はすべて「ワコ」。

タレ、チョウチョウ、ワコはせんぼうにあった。ロセンは「男のを　とせん」（江戸）と関わるか。

金の数の符牒は諸家の紋所を取った言葉が多い。
一　ヘイ　平　たいらで
二　ビキ　丸に二引きの紋
三　ヤマ　山は上へ三本出る

四　ササキ　佐々木高綱の紋　四つ目
五　片個　一個二個と数えて片方の手で五個
六　サナダ　真田の紋　六文銭
七　タヌマ　田沼様が七曜の星
八　ヤワタ　八幡
九　キワ　十のきわ
一から九まで　ツノコエ　一つから九つまでツの声がつく
十から上　ツバナレ　十から上はツがいらない
せんぼうでは七までだったが、ここには十以上まである。
魚釣りをする友人から、十以上をツバナレと言うと聞いた。思い掛けない方面で用いているものだ。

五…山言葉

天保八年（一八三七）に出た鈴木牧之の『北越雪譜』（初・下）に「山言語《やまことば》」の章がある。小出島《こいでしま》（新潟県魚沼市小出島）の辺りでの泊まり山（山中に宿泊しての狩猟）について、

すべて深山《みやま》にありて事をなすには山ことばといふことありて、これを使ふ。他国は知らず。

その言葉とは、

○米を草の実
○味噌をつぶら
○塩をかへなめ
○焼き飯をざわう
○雑水《ざふすい》をぞろ
○天気の好《よ》きをたかがいい
○風をそよ
○雨も雪もそよがもふ（舞）といふ

○蓑《みの》をやち
○笠をてつか
○人の死をまがった、又はへねた
○男根《なんこん》をさったち
○女陰を熊の穴
この余《よ》あまたあり。

として、女陰を熊の穴と言うことからすると、これらは商家の符牒《ふちょう》というものと同じだろうと言い、その後に、
かかる言葉を山にて使はざれば山神の祟《たた》りたまふといふは信《う》けがたけれど、神の事は人慮をもてかろがろしく誣《し》ゆべからざる物をや。

と記している。「山言葉」とは、山で働く人々が、山の神の祟りを恐れて、俗世間の村でふだん用いている語を避けて用いる別の語のことだ。

余談だが、「熊の穴」は、安永二年（一七七三）刊の笑話本『聞上手二篇』に、
○熊革《くまのかは》
「大きにご無沙汰致しました。皆様お替りもござりませぬか」「オオお出でか。サアたばこで

もあがれ」「そんなら一服いたしませう。ハア忘れました。一服下さりませ」「ホイ、ちっときつからうが」と、毛皮のたばこ入れをさし出だせば、「コレハ熊の皮ぢゃの。さても良い」と、手でひねって見て、「イヤほんに、妻《さい》もよろしうと申しました」

とあるのを初め、少しずつ違った形で多くの本に見える笑話から思い付いたのだろうか。あるいは逆に山言葉を聞いて思い付いた笑話なのかもしれない。

山言葉は、昭和四十八年に出た楳垣実『日本の忌みことば』に詳しい。楳垣氏は、その日常生活での忌みが、最もよく発達し、忌み言葉が厳しく守られてきたのは、東北から新潟にかけての、マタギと呼ばれる熊狩りの狩人たちの社会であった。

（略）

我が国のマタギの山での慣習をみると、その基本となっているのは山の神への信仰である。マタギにとって山が「聖なる世界」だと感じられ、そこにはいって野良言葉を使ってはならないのは、（略）山の神の支配する領域だからという考えがあるように思われる。

（略）

ところが、職業的専門語と山言葉とは、たがいに入り混じっていて、もう簡単には見分けがつかなくなっている。そこで、職業的専門語だとはっきりわかっている語だけを、選り分けてみた。（略）山言葉として研究対象になる語は七一三語ということになった。

として、動物、職業語、食関係と社会の語数が多いと言う。『北越雪譜』の十三語と共通するのは、米がクサノミ、味噌がツブラである他に、似ているものに死ぬをマガル、男根をサタテ、女をクマアナとする三語がある。

ツブラという名は、現代人には理解できないだろうが、昔のみそは、出来あがったのを固形に乾燥して、縄で天井から吊したりして貯蔵し、必要に応じてそれを溶きもどして使った。だから丸いのもあれば、四角いのもあったわけである。（椺垣氏）

死ぬがマガッタであるのは、

マカルとマガルが同じ語でなければ「罷る」「曲がる」などすべて優雅な婉曲的表現である。（椺垣氏）

サタテのサは山言葉を造る接頭辞、「タテは「手刀」のことで、それを比喩的に使ったもの。」（椺垣氏）

クマアナは先に記した。

今でも山言葉は用いられているのだろうか。友人のM君は十年ほど前に、山形県で自分はマタギだと称する男と知り合いになって、熊や兎の肉を食べさせてもらって、古くからのマタギの風習の話を聞かせてもらったことがあるそうだ。マタギが居るなら、山言葉は今でも生きているのかもしれない。

楳垣氏の『日本の忌みことば』には、「沖言葉」の章もある。その最初に、要旨を次のように記してある。

山の狩人に山言葉があるのと同じように、海で働く漁夫たちにも、海上で使う忌み言葉がある。それを「沖言葉」と呼んでいる。しかし、沖言葉は、山言葉に比べると、数もずっと少いし、さほどきびしく守られているとはいえない。山言葉が山の神に対する信仰に基くのに対して、沖言葉は船に祀っている船霊《ふなだま》様に対する信仰から来ている。山の神が女神だと考えられているように、船霊様も女神であり、その御機嫌を損じないように、言葉の使い方に気を使うのだといわれている。こういう信仰の根本は、やはり海上の労働が、海難その他の多くの危険を伴っていることにあるように思われるが、近年の造船・航海・漁法などの急速な進歩と共に、昔風の沖言葉の使用は次第に影をひそめ、すでに滅亡の一歩手前まで来ているようだ。ただ、山言葉と同じように、蛇・牛・猫などの動物が忌まれる点は、全国ほとんど共通であり、数世代前には生活の実感として忌みが重要視され、守られてきたにちがいない。

本書は江戸時代以前の文献に見える言葉を扱うことにしているので、沖言葉については右の楪垣氏の業績の紹介にとどめる。

あとがき

この本で扱っていることばの多くは隠語だ。

隠語というのは、特定の集団の仲間が部外者に知られないように作り出した言葉だ。だから部外者には分からないもののはずだが、流れ出して記録され、広まった語も少なくない。まして本として出版されると隠す言葉だったものが、広く知れ渡ることになる。

現代でもいろいろな集団で隠語は用いられているはずだ。現代はコミュニケーションが発達しているので、隠語が隠す語ではなくなっているかもしれないが、それでもさまざまの分野に知られていない隠語が多く行われていることだろう。

隠語は元の語とは違う新たな語を造るものだ。しかし元の語と何かの関わりがある語でなければ成り立たない。その関わりは何か。

その物の色、形、感じを言うこともある。

似た別の物になぞらえることもある。

わざと逆のことを言うこともある。

元の語の一部分だけを言うこともある。

思いも寄らないことを考えていることもある。

そこに作った人たちのエスプリとかユーモアとかが感じられ、日本語の思い掛けない一面が見えることになる。

ここに扱ったのは、江戸時代以前の文献に見られるものだから、今も生き残って使っている語があるものの、あまり多くはないが、その出来かたなどを考えることで、それらのことばの楽しさ、面白さが見えてくる。

本書はそういう狙いで作った本だ。

平成三十年五月

小林祥次郎

小林祥次郎の本

遊びの語源と博物誌

日常のなかにひそむ
「遊び」の語源と歴史を紹介。
1,800円（＋税）

人名ではない人名録
語源探索

八百長、出歯亀、土左衛門、助兵衛、
元の木阿弥…。語源の数々を紹介。
1,800円（＋税）

仏教からはみだした日常語
語源探索

日常のことばのルーツに実は仏教が隠れていた！
1,800円（＋税）

くいもの
食の語源と博物誌

庶民生活からにじみ出た、
身近な「くいもの」の語源。
1,600円（＋税）

日本古典博物事典
動物篇

多種多様、厖大な文献群を博捜。
画期的な博物事典。
9,500円（＋税）

日本のことば遊び
新装増補版

和歌、俳諧、落語、小説を渉猟。
洒脱で楽しいことば遊びを
いろいろ紹介。
本体1,800円（＋税）◉品切れ

日本語のなかの中国故事
知っておきたい二百四十章

歴史、文学・思想に躍動する中国故事。
日本における新古の使用例、受容の様相をたどる。
本体4,200円（＋税）

江戸の異性装者たち
セクシュアルマイノリティの理解のために

男装し遠島に処された女、女装姿で貸金業を営む男、男同士の夫婦、茶屋で男色に従事する美少年たち——。性規範のもとで葛藤・苦悩する人々の姿を追う。

長島淳子 著・本体三二〇〇円（+税）

男色を描く
西鶴のBLコミカライズとアジアの〈性〉

日本古典の男色の世界、二次創作、「萌え」の共振、アジアのBL解釈からLGBT事情まで、時代や国の中で変化していく、恋愛・性愛の多様性を探る。

染谷智幸・畑中千晶 編・本体二二〇〇円（+税）

夢の日本史

日本人と夢との関わり、夢を語り合う社会のあり方を、さまざまな文書や記録、物語や絵画などの記事に探り、もう一つの日本史を描き出す。

酒井紀美 著・本体二八〇〇円（+税）

紙の日本史
古典と絵巻物が伝える文化遺産

長年の現場での知見を活かし、さまざまな古典作品や絵巻物をひもときながら、文化の源泉としての紙の実像、そして、それに向き合ってきた人びとの営みを探る。

池田寿 著・本体二四〇〇円（+税）

初期俳諧季題総覧

最古の俳諧である『犬子集』（寛永十年）以降、新たな俳風が現れる延宝八年まで、主だった俳諧句集を五十音順に配列。約三万項目を収録。

小林祥次郎 著・本体一二五〇〇円（＋税）

梅と日本人

日本人は自然とどのように関わって来たのか――日本人の愛する「梅」を題材に、多種多様な文献を博く渉猟し、日本人の感性の歴史を追究する。

小林祥次郎 著・本体三二〇〇円（＋税）

※品切れ

山田孝雄著『日本文体の変遷』本文と解説

文献時代の初めから明治時代に至る諸資料を博捜・引用し、時代別・文体別に詳述。日本文化・社会の根幹をなす文章・文体の展開を歴史的に位置づける意欲作。

藤本灯・田中草大・北﨑勇帆 編・本体四五〇〇円（＋税）

『源氏物語』を演出する言葉

『源氏物語』における初出語、初出複合語など、特徴的な言葉を精査。それらの言葉によって、物語世界がどのように構築されているかを明らかにする。

吉村研一 著・本体七〇〇〇円（＋税）

著者紹介
小林祥次郎（こばやし・しょうじろう）

昭和 13 年 2 月　栃木県栃木市に生まれる。
昭和 35 年 3 月　東京教育大学文学部文学科卒業。
平成 13 年 3 月　小山工業高等専門学校教授を退官。

主要著書
『書言字考節用集　研究並びに索引』(中田祝夫と共著、風間書房、同改訂新版、勉誠出版)、『多識編自筆稿本刊本三種　研究並びに総合索引』(中田祝夫と共著、勉誠社)、『近世前期歳時記十三種　本文集成並びに総合索引』(尾形仂と共著、勉誠社)、『近世後期歳時記　本文集成並びに総合索引』(尾形仂と共著、勉誠社)、『季語遡源』(勉誠社)、『季語再発見』(小学館)、『日本のことば遊び　新装増補版』、『梅と日本人』、『日本古典博物事典　動物篇』、『くいもの―食の語源と博物誌』、『人名ではない人名録―語源探索』、『仏教からはみだした日常語―語源探索』『遊びの語源と博物誌』『日本語のなかの中国故事―知っておきたい二百四十章』（以上、勉誠出版）など。

女《おんな》のことば　男《おとこ》のことば

平成 30 年 7 月 20 日　初版発行
著　者　小林祥次郎
発行者　池嶋洋次
発行所　勉誠出版株式会社
〒 101-0051　東京都千代田区神田神保町 3-10-2
TEL(03)5215-9021（代）　FAX(03)5215-9025
〈出版詳細情報〉 http://bensei.jp/

印刷・製本　中央精版印刷

ISBN978-4-585-28043-9　C0081

索引

索引での表記は必ずしも文中のものではなく、理解しやすいことを心掛ける。「こもじ（鯉）」「ふもじ（鮒）」などは「こ文字」「ふ文字」とする。

文中の用言は多く口語形にする。「離るる」「早し」などは「離れる」「早い」とする。ただし現代語で用いない「疾《と》し」などはそのままとする。

それぞれの章名を、「女のことば　男のことば」は「女」、「忌み言葉」は「忌み」、「月経」は「月経」、「正月言葉」は「正月」、「女房言葉」は「女房」、「郭言葉」は「郭」、「武者言葉」は「武者」、「奴言葉」は「奴」、「せんぼう」は「せん」、「山言葉」は「山」と略記して語の後に示す。

あ

う

え・お

か

き

く

け

こ

さ

し

す

せ

そ

た

ち

な

に

ぬ・ね・の

は

ひ

ふ

へ

ほ

ま

み

む

め・も

や

ゆ

よ

ら・り・れ・ろ

わ

ん